Le système d'information nouvel outil de stratégie

André Deyrieux

Le système d'information nouvel outil de stratégie

Direction d'entreprise et DSI

MAXIMA
LAURENT du MESNIL • ÉDITEUR

André Deyrieux est expert en stratégies des entreprises et des systèmes d'information. Il travaille pour des entreprises de toute taille en tant que consultant senior au sein de la branche Business Consulting Services d'IBM.

infos/nouveautés/catalogue : **www.maxima.fr**

MAXIMA
LAURENT du MESNIL • ÉDITEUR

192, boulevard Saint-Germain, 75007 Paris
Tél. : + 33 1 44 39 74 00 – Fax : + 33 1 45 48 46 88

ISBN : 2 84 001 357 6

Table des matières

L'intelligence achevée est la faculté de fabriquer et d'employer des instruments inorganisés.

H. Bergson – *L'évolution créatrice*

Préambule

Informatique et système d'information

Dix ans d'Internet. À l'heure où les systèmes d'information des entreprises acquièrent une importance stratégique cruciale, ils doivent s'ouvrir largement sur l'environnement de l'entreprise, ce qui multiplie par 100 leur **criticité** en termes de sécurité, d'interopérabilité, de disponibilité, de performance... et les incertitudes des DSI au regard :

– des technologies émergentes,
– de solutions applicatives pas toujours réellement testées, et de l'absence de références pertinentes,
– des compétences et des ressources internes qui peuvent difficilement suivre les évolutions,
– des critères de mesure des actions entreprises,
– ...

Les systèmes d'information des entreprises se caractérisent aujourd'hui par l'empilement ;

– d'applications hétéroclites,
– de technologies disparates,
– d'îlots, de silos ou de continents d'informations incohérentes, contradictoires ou redondantes selon les fonctions qu'elles servent.

Le mouvement de l'histoire a logé toutes les entreprises à la même enseigne ; adapter les systèmes informatiques aux besoins fonctionnels s'est fait sans aucun plan d'ensemble, en réponse à des besoins déterminés, précis, départementaux.

Or, le système d'information a pour objectif de permettre à tous ceux qui prennent des décisions de disposer d'éléments qui vont leur permettre de décider de **l'action la plus appropriée au moment adéquat**.
Sa vocation est « d'assurer le couplage entre le système d'opération et le système de pilotage : il instrumente la production des informations génériques (ou primaires) par lesquelles l'entreprise se représente ses activités physiques, sa fonction est de produire et de mémoriser les informations, représentation de l'activité du système physique puis de les mettre à disposition du système de pilotage »[1].
Le système d'information, colonne vertébrale de l'organisation assure la réactivité de l'entreprise, sa communication avec ses marchés. De plus en plus ce sera pour les entreprises performantes leur avantage concurrentiel décisif[2].
L'histoire des systèmes d'information entre donc dans une phase nouvelle dont les principaux enjeux vont être précisés dans cet ouvrage, et qu'il est aujourd'hui possible d'adresser parce qu'un grand nombre de « nouvelles » technologies de l'information et de la communication (NTIC) sont aujourd'hui matures.

Il faut, d'entrée, préciser la différence entre système d'information et informatique.

Le **système d'information** de l'entreprise comprend :

– l'ensemble des informations, formalisables ou non, structurées ou non, accessibles par les agents de l'entreprise ;

---

1. J. L. Lemoigne – *La modélisation des systèmes complexes*, Dunod 1990.
2. Contrairement à l'opinion de Nicholas G. Carr dans la *Harvard Business Review* de mai 2003 : « Why IT Doesn't Matter Anymore ».

– les process de création, de recherche, d'organisation, de conservation, de traitement, de diffusion de ces informations ;
– les moyens mis en œuvre pour assurer ces process, notamment les systèmes informatiques et les systèmes de communication.

Le **système d'information** capitalise le savoir collectif et structure fortement l'organisation, les décisions et le management.
Il doit rendre disponible l'information pertinente au bon endroit au bon moment.

Les **systèmes informatiques** constituent une partie croissante des systèmes d'information et comprennent :

– les technologies de l'information – ordinateurs, applications, réseaux et autres systèmes – qui permettent à tous d'accéder à l'information, de l'analyser, de la créer, de l'échanger et de l'utiliser ;

Ces dernières années ont vu des changements importants, rapides et imprévisibles ; ceux à venir sont à peine imaginables.

– les données informatisées qui sont créées, stockées, transformées, agrégées, diffusées.

Ces données ne représentent bien sûr qu'une partie des informations nécessaires à l'action, excluant en particulier tout ce qui revêt un caractère qualitatif, ou dépend d'un arbitraire ou d'une perception.
Le tableau suivant indique quelques distinctions entre les deux notions.

Distinctions entre informatique et système d'information

Informatique	Système d'information
Un outil, un moyen Un centre de coûts	Une philosophie, un actif, un élément de la chaîne de valeur
Fonction Automatiser Fonction transversale de support	**Fonction** Faire une différence stratégique Fonction de transformation stratégique
Approche Fonctionnelle : identifier des besoins opérationnels et informationnels immédiats et leur fournir des fonctionnalités et des solutions à court terme	**Approche** Informationnelle : comprendre le métier de l'entreprise afin de construire ou de reconstruire des fondations durables pour son système d'information
Responsabilité Maîtrise d'œuvre Domaine des informaticiens	**Responsabilité** Maîtrise d'œuvre et maîtrise d'ouvrage Domaine de l'entreprise globale

Chapitre 1

Connaître les coûts et mesurer la performance du système d'information

Investissement comme les autres, le système d'information est confronté à la mesure de son coût et à celle de son efficacité.

1. Mesurer les coûts

L'estimation des coûts

La gestion de l'information est devenue dans les entreprises le premier facteur de coût. L'inflation des investissements informatiques s'explique notamment par l'évolution progressive d'une simple automatisation de processus à la mise en place de systèmes intégrés, de plus en plus ouverts sur des partenaires extérieurs.

Selon les statistiques, les **coûts informatiques** des entreprises se situent en pourcentage du chiffre d'affaires entre 1,2 %[1] et 4 %[2].
Le **coût du système d'information** est supérieur au coût de l'informatique puisqu'il comprend d'autres postes. Il intègre au minimum l'activité du collaborateur utilisant les outils informatiques mis à sa disposition.
Les estimations présentent des fourchettes larges (en fonction des secteurs d'activité). On parle de 10 à 60 % (!) du budget total de fonctionnement de l'entre-

1. Jean-Louis Peaucelle, *Informatique et mesure des gains*, Hermès, 1997.
2. Pour les membres du CIGREF, Rapport CIGREF, octobre 2001.

prise. Bien sûr, le coût du système d'information représente pour les entreprises de services, par exemple dans le domaine de la finance, une part plus importante que pour des entreprises d'autres secteurs d'activité.
Le coût d'investissement du SI peut être estimé à 1,5 fois le coût d'investissement informatique, et le coût total (qui tient compte des dépenses ultérieures d'exploitation et de maintenance actualisées) peut être estimé à trois fois le coût d'investissement du SI, soit 5 fois le coût d'investissement informatique.
L'INSEE a effectué (c'est une première) une évaluation des investissements réalisés en informatique par les entreprises[1] pour l'année 1999 : 24,7 milliards d'euros, ce qui représente 17,8 % des investissements avec la répartition suivante : 21 % pour le matériel, 45 % pour les logiciels, 34 % pour le matériel de communication (mais l'Insee inclut les achats de centraux téléphoniques).
Le Meta Group donnait en 2002 la répartition suivante pour les dépenses informatiques des entreprises :

Répartition des dépenses informatiques des entreprises

Hardware	23 %
Software	22 %
Outsourcing	16 %
Personnel	37 %
Autres	2 %

À l'heure actuelle, peu d'entreprises connaissent :

– le coût complet d'utilisation d'une application,
– le coût des niveaux de sécurité,
– le coût d'un poste de travail,

1. *Économie et Statistiques*, n° 339-340, 2000.

– leurs dépenses consolidées de réseau,
– voire même le nombre de machines du parc de l'entreprise.

Connaître les coûts informatiques

Or, il y a de nombreux intérêts à connaître les coûts de son informatique :

– comparer, benchmarker avec d'autres entreprises,
– analyser la productivité informatique,
– refacturer les services rendus et gérer les contrats de services avec les clients internes,
– établir des tableaux de bord, gérer,
– établir des simulations et préparer des choix d'investissement,
– de manière générale, optimiser et réduire les coûts,
– partager des indicateurs communs à l'ensemble de l'entreprise et communiquer précisément avec la maîtrise d'ouvrage,
– refondre les processus informatiques.

L'utilisation de la comptabilité analytique

Les grandes entreprises disposent d'une véritable comptabilité analytique pour l'informatique.
Mais il ne s'agit que des grandes entreprises. De plus, souvent, ce ne sont pas les coûts exhaustifs mais plutôt les coûts d'infrastructure ou d'exploitation ; les coûts indirects ne sont pas présents.
Souvent aussi, la méthode est celle des coûts standard (coûts historiques, ventilations de facture et de paie) et la répartition est faite sur la base de clés de répartition quand il faudrait préconiser une méthode basée sur un calcul des coûts complets (méthode ABC/ABM – Activity Based Costing/Activity Based Management).

Le coût total de possession – le TCO

Une appréhension totale des composantes des coûts informatiques passe par la prise en compte d'axes divers :

- les coûts d'investissement [1] et les coûts d'exploitation,
- l'ensemble des dépenses informatiques de l'entreprise, y compris celles hors de la Direction informatique,
- l'ensemble des composantes du budget informatique : matériel, logiciels, réseaux, intégration de systèmes, sécurité… sachant que les éléments pris en compte doivent être précisément définis [2],
- les coûts directs (généralement budgétés) et indirects (généralement non budgétés),
- le périmètre des technologies retenues : informatique de gestion, informatique industrielle, sites Web, télécommunications…

Le **TCO** – Total Cost of Ownership [3], coût total de possession d'un élément informatique (poste de travail, data center, serveur) – représente l'ensemble des coûts engendrés durant sa vie (sa vie financière qui peut se poursuivre au-delà de sa vie réelle [4]) et relatifs à sa possession, sa gestion, sa maintenance, son utilisation et sa destruction. Si on estime le TCO moyen d'un poste de travail à 3 700 € [5], la dispersion est très forte : le TCO varie de 1 à 5 en fonction des applications.

---

1. Sur une durée de vie moyenne de trois ans, les analystes estiment que le coût initial d'équipement représente entre 6 et 11 % du TCO.
2. Qu'est-ce qu'un PC ? quelle est sa configuration ? quels périphériques comprend-il ?
3. Apporté au monde informatique par le Gartner en 1986.
4. La vie d'un composant, la période durant laquelle il est réellement utilisé, est souvent plus courte que sa période d'amortissement.
5. Ce qui représente, pour un taux d'équipement de 80 % du personnel, 25 % du budget informatique total.

Coût total de possession d'un élément informatique (TCO)

Coûts d'investissement	
Coûts directs	Activité Études Installation : déploiement, tests/recettes Coût d'intégration Achats de matériels ; serveurs, clients, mainframes, périphériques), logiciels, réseaux (amortissements, leasings) Marchés de réalisation Marchés de consulting Personnel informatique : salaires, autres coûts, formation, certifications Dépenses informatiques des utilisateurs Coût des relations multi-vendeurs
Coûts indirects	Maîtrise d'ouvrage (spécifications générales et validation) Formation des utilisateurs Accompagnement au changement Implication masquée de ressources internes
Coûts de fonctionnement	
Coûts directs	Exploitation, maintenance, administration Logiciels de gestion et d'administration d'infrastructure Support, assistance aux utilisateurs… Upgrades Salaires des informaticiens Outsourcing Assurances
Coûts indirects	Implication masquée de ressources internes Formation invisible Coûts de communication Locaux : électricité, chauffage Indisponibilité – downtime : pertes de productivité Prise en compte du *« cascading »* (qui consiste à faire migrer des PC d'un employé à l'autre) Dépenses informatiques des utilisateurs Coût de fin de vie et de destruction

Le TCO peut être calculé par poste et par an, ou par utilisateur et par an.
Cette mission de photographie du TCO à un moment donné est généralement confiée à un cabinet extérieur. Le coût de l'étude la réserve aux gros projets. Une forte implication est demandée à l'entreprise cliente en ce qui concerne le mapping entre les coûts et les postes de coûts identifiés

La difficulté à comparer les coûts informatiques

Les dépenses ou les budgets informatiques sont difficilement comparables d'une entreprise à l'autre pour différentes raisons.
Les **périmètres** fonctionnels ne sont pas forcément les mêmes : certaines entreprises s'arrêtent à l'informatique de gestion alors que d'autres intègrent l'informatique industrielle ou embarquée…
Les entreprises n'appréhendent pas toutes la totalité des coûts informatiques.
Les **méthodes** retenues pour les calculs varient – les notions mêmes de TCO divergent selon les instituts comme GartnerGroup, Forrester ou Metagroup. Certains cabinets refusent par exemple d'inclure les coûts indirects.
Les **plans de comptes** informatiques ne sont pas homogènes d'une entreprise à l'autre, les règles d'amortissement sont différentes d'un pays à l'autre.
Les frais de **personnel** sont diversement inclus.
Au sein même des divers secteurs d'activité, les **écarts** constatés pour les coûts de la fonction informatique sont importants. Au sein même d'un groupe comme Bouygues, les dépenses informatiques sont très variables selon les métiers : 1 % du CA dans le BTP, 12 % dans les télécoms (cette différence se constate également pour le TCO

du poste de travail bureautique (4 000 euros pour le BTP, 10 000 euros pour TF1))
On peut estimer que l'absence de connaissance réelle par l'entreprise de ses coûts informatiques favorise l'outsourcing qui consiste à échanger les coûts de contractualisation contre la visibilité sur les coûts opérationnels.

Réduire les coûts informatiques

Aujourd'hui, la mission confiée aux DSI est de réduire leurs coûts informatiques. Cette tendance a diverses explications.
Les budgets informatiques représentent une part grandissante pour les entreprises et suscitent l'inquiétude des directions générales pour un domaine mal connu.
La conjoncture de contraction économique pousse à mettre l'accent sur des réductions de coûts dans tous les domaines.
La fin d'une période marquée par un enthousiasme irrationnel pour Internet, le désappointement des directions générales devant le non-retour financier de projets informatiques « obligatoires »: l'an 2000, l'euro, les ERP… jouent aussi en faveur de cette tendance.

Optimiser le système d'information en réduisant les coûts informatiques

L'informatique est un **centre de coûts**. Le système d'information est une ressource vitale. Il n'y a donc aucune contradiction à rechercher une réduction des coûts informatiques tout en poursuivant grâce au système d'information les objectifs stratégiques de l'entreprise.
Il y a au contraire cohérence, sauf en cas de mauvaises politiques, assez répandues, qui de manière purement quantitative consistent à fixer un budget, une enveloppe, un taux de dépenses informatiques à ne pas dépasser, à geler les projets, à imposer un quota de diminution du personnel.

Il existe de nombreuses pistes de réflexion intéressantes pour réduire les coûts informatiques. Elles s'appuient sur une bonne analyse des coûts et des TCO.

Comment réduire les coûts informatiques

Situation	Actions possibles de réduction des coûts informatiques
Axe technologique – architectures système et applicative	
Architecture système et applicative complexe, hétérogène, non standard – Nécessité de compétences multiples – Vulnérabilité des systèmes – Coûts de maintenance	Rationalisation de l'infrastructure, réduction des complexités, consolidation de l'infrastructure (serveurs, stockage, postes de travail), et ses conséquences en termes de locaux, de communication intersites… Diminution des coûts d'exploitation des architectures matérielles par migration des technologies « gros systèmes » Intégration des applications Rationalisation du parc applicatif par apurement du « legacy system » Environnement réseau homogène, protocoles uniques, standards Remplacement lorsque le coût de maintenance est trop élevé (règle du tiers : le coût de maintenance ne doit pas dépasser un tiers du coût d'acquisition)

Situation	Actions possibles de réduction des coûts informatiques
Coût et complexité des développements, risques d'erreur	Diminution du coût des développements par utilisation de progiciels Recours à un environnement de développement open source Généralisation des principes de développement basés sur la réutilisation Utilisation de langages de programmation orientés objet
Sous-utilisation des ressources applicatives (shelfware)	Inventaire et audit applicatif Remplacement des applications (down-grade) Meilleure politique d'achat
Non-sécurité	Politique cohérente de sécurité
Prix d'achat trop élevés	Négociation avec les fournisseurs Réduction du nombre de fournisseurs
Coûts de non-qualité	Achats de matériels de qualité (vie du matériel plus longue, meilleure productivité, plus de puissance pour supporter les applications, moindres dépenses en mises-à-jour) Refonte d'architecture réseau, mise en place d'une plate-forme de management de réseau Migration de terminaux passifs vers des PC

Axe Fonction informatique	
Situation	**Actions possibles de réduction des coûts informatiques**
Mauvaise efficacité des process de la direction informatique	Automatisation : mise en place de logiciels de gestion ou d'administration Centralisation Intégration
Service utilisateurs : – nombre de catégories d'utilisateurs élevé – complexité demandée par les utilisateurs élevée – exigences élevées (Nécessité de disponibilité 24/7, haute qualité, temps de réaction court...)	Analyser et réduire le niveau de services peut-être trop coûteux
Coût des projets	Capitaliser les projets
Axe financier	
Peuvent être sources d'économies : – la mise en place d'une refacturation des coûts aux utilisateurs – le recours à la location évolutive (ce qui permet de remplacer une immobilisation par une charge d'exploitation et de suivre l'évolution technologique) – le recours à l'outsourcing et à l'externalisation – la rapidité de mise en place d'une application (le coût diminue avec la précocité du retour sur investissement) – la prise en compte des effets de seuil ou de ticket d'entrée – la prédictabilité des coûts, le lissage de trésorerie (plutôt que le cash-out) – les économies d'échelle intervenant suite à une fusion-acquisition ou à une internationalisation de la société	

2. Mesurer la performance

Plus de 80 % des DSI s'avouent incapables de chiffrer les gains qu'apporte l'informatique. (Étude Acadys 250 sociétés européennes – 2002)

La mesure de la performance peut concerner :

– l'infrastructure informatique,
– la fonction informatique,
– le système d'information.

Disposer d'indicateurs de performance

La mesure de la performance de l'infrastructure passe par la mesure de l'efficience technique grâce à des ratios tels que : les temps de réponse, l'indisponibilité de certaines fonctions, le downtime[1], le nombre de paquets par seconde…
On utilise des outils de reporting et de tableaux de bord, si possibles en temps réel.

La mesure de la fonction informatique vise deux catégories de performance.
On évalue **l'efficience opérationnelle** grâce à des ratios tels que le nombre de clients internes par ressource de la DSI, le nombre de terabytes par administrateur de stockage, la productivité en matière de développement, le nombre de projets terminés à temps et dans les limites budgétaires.
La **qualité de service** est mesurée grâce à des indicateurs qui sont significatifs pour les utilisateurs : résolution de problème, prise en charge téléphonique, disponibilité du service…

La mesure de la performance des investissements en système d'information est plus complexe. Elle vise à apprécier son efficience économique, ce qui recouvre des notions diverses.
C'est dans ce cadre qu'il convient de parler de ROI (Return On Investment)[2] et de création de valeur.

1. MTBF, MDT…
2. Ou Return on capital employed (ROCE), ou Return on invested capital (ROIC).

Le ROI des investissements en systèmes d'information

PLM, SCM, CRM… en fait le seul acronyme qui importe aujourd'hui semble être le ROI. Le mot d'ordre semble être : « Fall in love with results, not ideas. »
Pourtant, la majeure partie des entreprises a une vision empirique du ROI. Très peu de projets font réellement l'objet d'une étude préalable – d'un dossier économique – qui définit des objectifs, des indicateurs…
Lorsque c'est le cas l'étude du ROI est par ailleurs souvent limitée à la phase d'étude du **projet** (puisque ce sont les sponsors du projet qui l'effectuent), sans qu'une évaluation réelle du ROI soit réalisée après la mise en œuvre du projet (les entreprises se contentant d'apprécier la satisfaction des utilisateurs, comme le montre une récente étude Ernst & Young).
De plus, il y a aujourd'hui – en raison des projets d'ERP notamment – un certain scepticisme sur la possibilité de créer de la valeur au regard des investissements en systèmes d'information.
Les approches purement financières de ROI utilisent les indicateurs présentés page ci-contre.

L'approche du ROI présente à vrai dire de nombreuses **difficultés**.
En premier lieu, deux disciplines complexes, les technologies de l'information et les finances doivent travailler ensemble.
Ensuite, les données concernant les coûts des investissements sont connues du DSI, alors que les données relatives aux revenus ou à la valeur du système d'information sont éparpillées dans un grand nombre de processus et appartiennent aux Business units.
Il est, autre point crucial, difficile de départager les gains dus à d'autres facteurs que l'investissement informatique lui-même. Dans le cadre d'une réorganisation des proces-

Indicateurs des approches financières de Retour sur Investissement

Rentabilité du capital employé Accounting rate of return (ARR)	Taux de retour sur le capital investi : flux nets de liquidité (gains – bénéfices)
Valeur Actuelle Nette (VAN) Net Present Value (NPV)	1. Les flux nets de liquidité (gains – bénéfices) sont calculés pour chaque année. 2. Ils sont actualisés (les liquidités des périodes proches ont une VAN supérieure à celles des périodes plus lointaines) 3. La valeur actuelle nette est calculée en additionnant les flux de liquidité actualisés pour l'ensemble de la période *C'est la technique la plus courante, notamment pour comparer plusieurs projets d'investissement. La difficulté est de choisir le taux d'actualisation, en général le taux d'intérêt du marché monétaire, augmenté d'une prime de risque.*
Taux de rentabilité interne Internal Rate of return (IRR)	Il correspond au taux d'intérêt qui permet, sur une période donnée (*), d'annuler les flux de trésorerie. *Il doit être supérieur au taux d'actualisation de la VAN.* *Le TRI ne permet pas de déterminer si un investissement est rentable ou non. C'est un outil d'arbitrage entre différents projets.* (*) délai de retour sur investissement (payback period)

sus achats jointe à la mise en œuvre d'une solution e-procurement, quelle est la part respective de l'une ou de l'autre dans la réduction des coûts administratifs d'achat ? On rejoint là la problématique de tous les investissements immatériels ; formation, publicité…
Par ailleurs, la notion de **risque** n'entre pas dans les méthodes de calcul du ROI : elle est d'ailleurs souvent sous-estimée, voire ignorée dans les processus de décision.

Enfin, il faut avouer que si un projet bien conçu peut créer un retour sur investissement, il peut être parfaitement insuffisant à créer une réelle valeur pour l'actionnaire, le client, l'entreprise, points que nous allons aborder plus loin.

Une fonction financière au sein de la DSI

L'accent mis sur la performance financière du système d'information demande que le DSI endosse aujourd'hui un nouveau rôle.
Aux États-Unis, non seulement la majorité des CIO reportent aux CFO (Chief Financial Officer) mais certaines entreprises mettent un financier au poste de CIO.
Une grande entreprise sur cinq n'hésite pas à créer la fonction de CFO du département IT. Ceci dans le but affirmé de rationaliser les dépenses en technologies de l'information, mais aussi d'améliorer la communication entre le CIO et les business units.

La création de valeur pour l'actionnaire

Une entreprise crée de la valeur si le résultat dégagé par l'exploitation est supérieur au coût des capitaux investis. La valeur ainsi créée revient aux actionnaires car ce sont eux qui assurent le risque de l'entreprise.
L'entreprise doit donc être capable de réaliser des investissements dont le taux de rentabilité dégagé est supérieur au taux de rentabilité exigé compte tenu du risque.
La création de valeur est un processus composite intégrant technologie, processus, management.
Les indicateurs traditionnels (bénéfice net, bénéfice par action ou P.E.R, valeur boursière…) sujets à manipulations ou jugés insuffisamment pertinents sont remplacés par les concepts de création de valeur.

Si la création de valeur boursière (MVA – Market Value Added)[1] concerne l'entreprise dans sa globalité, l'Economic Value Added – créée au début des années 1990 par le cabinet Stern et Stewart[2] est un indicateur utilisé en complément des indicateurs financiers de ROI.
L'EVA s'abstrait des marchés et de la notion de capitalisation boursière. Elle mesure l'accroissement ou la diminution de la valeur pour l'actionnaire, telle qu'elle résulte d'un investissement. Elle est égale à :
Actif économique x (rentabilité économique après impôt[3] – coût du capital).
C'est donc un montant, calculé pour une année, et non un ratio.

La création de valeur pour l'entreprise

La valeur pour l'entreprise, c'est ce qu'elle gagne au-delà du coût du capital investi.
Un investissement en système d'information peut générer trois types de gains pour l'entreprise.

Il peut engendrer des **gains mesurables** en unité monétaires.
Il peut s'agir de gains réels, soit en termes de ventes et de revenus, soit en termes de marge, de profitabilité, de bénéfices supplémentaires.
On peut constater aussi des économies et des gains de productivité. Ainsi pour les gains en frais de personnel, de communication, de correspondances, de transport, en coût d'acquisition client, en besoin en fonds de roulement…

Générer un retour sur investissement mais surtout créer de la valeur

1. Capitalisation boursière – montant des capitaux propres.
2. www.sternstewart.com.
3. NOPAT – Net Operating Profit After Taxes.

Il peut également entraîner des **gains ou des économies qu'il est possible d'estimer** en unités non monétaires ; volume, temps, espace...
Ainsi,

- du nombre de lignes de produits par client,
- du taux de transformation des contacts en clients,
- de la fidélisation des clients,
- du temps de collecte ou d'analyse de données,
- du délai de time-to-market,
- du nombre de contacts par jour...

Enfin il peut y avoir des **gains peu tangibles mais évidents ou tout au moins plausibles**.
Ainsi, il peut paraître évident qu'un meilleur système d'information entraîne une plus grande satisfaction des clients, des gains de temps (causés par des saisies manuelles, des erreurs, des litiges et des redondances moins nombreux), une plus grande autonomie [1] de l'utilisateur de l'information, une plus grande facilité de consolidation des informations, une optimisation des capacités de collaboration en interne, une plus grande réactivité...
De manière plus large entrent dans cette catégorie le décloisonnement de l'entreprise, l'apport de services nouveaux, la création d'un avantage concurrentiel, le développement de nouveaux modèles de vente, l'amélioration de l'image de marque auprès des clients finaux ou des distributeurs, l'accumulation d'expertise technologique par l'entreprise, la meilleure connaissance du client, l'augmentation du coût de sortie [2] pour le client...

---

1. Empowerment.
2. Les coûts qu'entraîne pour le client le fait de changer de fournisseur ; coûts administratifs, communication interne, temps de montée en charge des nouvelles relations...

Il peut y avoir création de valeur pour l'entreprise mais aussi création de valeur pour le **client**, sans impact direct pour l'entreprise.
Par exemple, la mise en ligne sur un site Web de l'entreprise d'informations sur les produits concurrents ne crée pas de valeur directe pour l'entreprise (elle constitue plutôt un risque). Pourtant, parce qu'elle crée une valeur pour le client, elle développe sa confiance en l'entreprise.
Une approche itérative du ROI permet de préciser les caractéristiques fonctionnelles des solutions envisagées.

L'approche **TVO** – Total Value of Opportunity – de Gartner vise à combiner diverses approches afin de mesurer la valeur business des investissements :

- une analyse classique coûts/bénéfices,
- l'estimation de la valeur future de l'application (pour d'autres applications qui naîtront à terme),
- l'analyse de la capacité de l'entreprise à délivrer une réelle valeur sur la base de l'investissement (tenant à des facteurs comme : l'alignement stratégique, la prise de risques, le payback direct, l'architecture, les business process),
- l'analyse des best practices en la matière.

Autre outil de décision, l'approche **TEI** – Total Economic Impact, du Giga Group prend en compte :

- le TCO,
- les bénéfices au sens large,
- des scénarios de flexibilité,
- les risques des projets.

Investir sans ROI

De nombreux investissements sont faits dans le but de maintenir ou de faire évoluer l'infrastructure informatique. Il n'y a pas de création de valeur réelle.
Les objectifs de ces investissements sont :

- de faire évoluer les technologies et les plate-formes [1] ;
- de procéder à des montées en version des progiciels ;
- de migrer des serveurs ;
- de refondre le réseau d'entreprise …

Il ne s'agit pas pour autant de comparer ces investissements à des abonnements EDF à propos desquels on ne se pose pas la question du retour sur investissement.
La décision d'investissement est prise ici sur la base d'une bonne stratégie du système d'information.
Ils doivent donc :

- permettre de rationaliser le système d'information et de le rendre plus productif,
- le rendre moins coûteux [2] (en déploiement, en maintenance…),
- améliorer sa fiabilité, sa sécurité,
- limiter le risque technologique (notamment en recourant à des technologies déjà implantées dans d'autres entreprises, faciles à implémenter…),
- augmenter la fiabilité du système,
- être en cohérence avec le schéma directeur et les standards définis.

1. Aucun investissement informatique n'a aujourd'hui une durée de vie supérieure à cinq ans.
2. La comparaison ne doit pas se faire entre dépense passée et dépense actuelle mais entre dépense actuelle et dépense future. Le nouveau SI devra coûter moins cher à maintenir que le système actuel.

Chapitre 2

Aligner le système d'information sur la stratégie

Le système d'information est une part de plus en plus importante de l'entreprise. Il doit être convergent avec la stratégie de l'entreprise.

1. L'alignement : le Système d'Information au service des stratégies de l'entreprise

La stratégie, c'est d'abord l'art de se poser des questions **simples** mais cruciales :

– quels sont les besoins des clients ?
– quel positionnement est-il possible d'adopter pour l'entreprise ? que veut faire l'entreprise ?
– quel avantage concurrentiel rechercher ?

C'est ensuite l'art de se fixer des objectifs simples :
– créer et maintenir plus de valeur que ses concurrents[1],
– générer de la profitabilité,
– être le meilleur.

Dans les environnements de marché contemporains qui cumulent à des degrés inconnus imprévisibilité et rapidité d'évolution… la définition classique de Porter – « La stratégie est une affaire de différenciation et de positionnement » – doit faire aujourd'hui plus de place à la créativité. Copier est difficile et dangereux. Mieux

1. Pour la raison que l'avantage concurrentiel a une durée de vie limitée, donc l'entreprise aussi.

vaut créer, *faire différemment ou faire les mêmes choses mais différemment.*[1]
C'est pourquoi chaque analyse stratégique est unique. Elle doit prendre en compte les évolutions qui exercent leur pression sur les entreprises.

Les évolutions

Les évolutions sont en effet nombreuses, fortes et exercent leur pression sans beaucoup fournir de mode d'emploi ou de repères.
Les entreprises doivent se transformer en permanence pour s'adapter au marché, être flexibles dans leur business modèle, s'attendre alternativement en fonction de la conjoncture économique à soutenir une croissance rapide, puis à réduire soudainement la voilure.

Les évolutions des produits

Le cycle de vie des produits est plus **court**, leur obsolescence accrue.
Les produits sont moins standardisés. Surtout, ils incorporent une part croissante de services et d'information.
Selon l'expression maintenant classique, l'étiquette est plus importante que la palette.
Les clients ont plus d'information : transparence des prix, des informations produits, voire des capacités de production… les cycles d'activité sont de plus en plus rapides.

---

1. Le même Porter dans la *Harvard Business Review* de novembre-décembre 1996.

Les évolutions des technologies de l'information

Les technologies de l'information ont changé de nature. Elles ne sont plus un simple moyen d'améliorer l'efficacité opérationnelle.
Elles **doivent** être utilisées comme un moyen de radicalement modifier la nature des produits et des services, les processus, l'organisation de l'entreprise.
Le deuxième boom d'Internet est proche. Il est lié à la meilleure utilisabilité du Web : hauts débits, habitude des utilisateurs, accès confortables et diversifiés.

Les évolutions de la chaîne de valeur sectorielle

• Le pilotage par l'information aval

De plus en plus, la chaîne de valeur est client-centrique. Une évolution se fait vers un pilotage des flux physiques par les flux d'information, et des flux physiques amont par les flux d'information aval. C'est ce qu'on appelle le modèle Dell (produire ce qui est vendu). C'est ce que met en œuvre la Gestion Partagée des Approvisionnements.

• L'entreprise étendue

Les entreprises peuvent et doivent aujourd'hui porter leur attention sur l'ensemble de leur réseau de valeur ajoutée ; leurs fournisseurs et clients, mais aussi les fournisseurs des fournisseurs, les clients des clients, leurs concurrents et leurs partenaires, les institutions...
L'intégration de la chaîne sectorielle est de plus en plus poussée, comme le montre l'exemple de la construction automobile intégrant de manière synchrone : clients, réseaux commerciaux, usines de montage, équipementiers, fournisseurs, bureaux d'études.

• La collaboration avec ses concurrents

L'e-business permet de créer de la valeur en collaborant avec ses concurrents : en vendant avec eux par l'intermédiaire de places de marché (cas d'une place de marché comme dans le secteur des roulements), en s'alliant avec eux autour d'un segment de clientèle avec des produits complémentaires, en achetant avec eux aux mêmes fournisseurs (places de marché d'e-procurement).

• Les nouvelles concurrences

Les évolutions technologiques favorisent l'arrivée de nouveaux entrants au sein des acteurs et concurrents traditionnels d'un secteur d'activité. On peut citer l'arrivée d'Amazon sur le secteur des libraires, mais aussi l'intervention sur le marché de la photo de nouveaux acteurs du secteur numérique inconnus du domaine de la photographie. Par ailleurs au sein même de la chaîne de valeur, à périmètre constant, les nouvelles technologies permettent des changements de pouvoir : clients, fournisseurs ou partenaires de l'entreprise ont peut-être aujourd'hui la possibilité de faire son métier et de prendre un poids croissant au sein du secteur.

Quelles stratégies d'entreprise ?

En fonction de l'analyse stratégique, l'entreprise va vouloir poursuivre des voies diverses. Il peut s'agir par exemple de stratégies :

– **d'innovation ou de rupture**
  - créer de nouveaux produits ou services
  - vendre différemment
  - développer un avantage concurrentiel

– **de conquête**
- créer un marché
- atteindre de nouveaux marchés
- créer un nouveau canal de vente
- s'adresser au client final, parallèlement au circuit de distribution
- croissance externe, fusions et acquisitions

– **d'optimisation**
- fidéliser le client
- améliorer l'efficacité des canaux de distribution
- établir une relation directe avec le client
- créer un nouveau canal de communication
- bâtir une collaboration étendue, accéder à l'information toujours et partout
- renforcer les liens logistiques
- acquérir des données client
- agilité : privilégier les axes augmentant la flexibilité, la réactivité, la rapidité
- créer une culture commune au sein d'un groupe de sociétés

– **d'amélioration de la marge et d'efficience**
- rechercher les gisements de productivité, comme les processus critiques
- réduire le coût des transactions
- réduire le cycle de développement des nouveaux produits
- moderniser, simplifier les processus

– **de différenciation**
- création de marque
- stratégie de prix

Utiliser le système d'information pour soutenir chaque axe stratégique

Pourquoi l'alignement stratégique ?

Les entreprises souhaitent de plus en plus structurer leur action sur la stratégie.

Élaborée au niveau de la direction générale, elle est « cascadée » dans les divisions, business units, fonctions support qui doivent élaborer leurs propres sous-stratégies cohérentes avec la stratégie globale[1]. La fonction Système d'information est déjà à ce titre concernée par cette approche.

Ensuite, le système d'information devient stratégique par le fait même qu'il est quotidien, **banal**, présent au cœur de tous les processus de l'entreprise[2]. Son alignement avec la stratégie d'entreprise « va de soi ». Il s'agit de l'utiliser à des fins stratégiques dans le but d'en tirer un avantage concurrentiel, de fournir à chaque instant une fonction permettant à l'entreprise de mener sa stratégie.
« D'un point de vue stratégique, les systèmes d'information sont au centre des principaux processus de l'industrie automobile. Par exemple, pour accélérer les processus de développement, il faut de plus en plus d'ingénierie simultanée, d'outils de simulation et des moteurs de calcul. L'industrie automobile, qui est « mono-produit », a absolument besoin de systèmes d'information de qualité dans ses processus fondamentaux pour progresser. Nous sommes au service de la stratégie du groupe et de l'ensemble des directions qui déclinent cette stratégie. »[3]

Enfin, pour chacune des stratégies que nous citions en exemple, l'expérience montre que le système d'information a vocation à apporter une forte valeur ajoutée.

---

1. Et non exécuter une stratégie prédéfinie : certains aiment à parler de Strategy-focused Organization (SFO).
2. L'expression e-business traduit cette fusion entre nouvelles technologies et business.
3. Daniel Zamparini – DSI PSA Peugeot Citroën (Journal du Net 14 septembre 1999).

2. Les domaines stratégiques selon les secteurs d'activité

L'idée a couru que certains secteurs seraient moins dépendants des technologies de l'information que d'autres. Ainsi pour l'industrie manufacturière comparée au secteur de la finance où l'informatique constitue le système de production lui-même.
Cette conception doit être fortement corrigée. Le tableau suivant montre que sur des secteurs d'activité très divers, l'e-business trouve à s'exercer avec un fort impact.
Comme l'histoire récente l'a montré, aucun secteur n'est à l'abri des évolutions, que ce soit en raison :

- du faible niveau (présumé) d'évolution technologique des professionnels ou utilisateurs du secteur (artisans du bâtiment, agriculture...),
- de restrictions concurrentielles (ventes aux enchères, distribution automobile, parapharmacie, distribution sélective en parfumerie...),
- ou de causes consubstantielles à tel ou tel secteur d'activité.

Quelques secteurs d'activité et chantiers stratégiques

Agriculture, agroalimentaire	Traçabilité des produits Places de marché
Énergie Exploration et extraction	Interprétation de sismique pétrolière
Bâtiment – travaux publics	Outils de mobilité
Industrie	
Aérospatial, naval et Défense (moteurs, compagnies aériennes, domaine militaire, construction navale)	Program and Performance management e-procurement, SCM PLM

Automobile	Intranets collaboratifs donneurs d'ordres/sous-traitants Conception collaborative Distribution : vente multimarque sur Internet (automobiles et pièces de rechange)
Textile, sports, habillement, luxe	Time-to-market Conception collaborative Extranets donneurs d'ordre
Services	
	SPO – Service Process Optimization[2]
Assurance	Nouvelles stratégies de distribution Appui de la force de vente Traitement des litiges
Banque Finances	KM Business Intelligence Relation clients multicanale (Web, mobiles…) Surveillance des transferts de fonds Gestion de comptes, informations financières, outils de conseil et de simulation Processus de prêts Migration vers réseau IP
Communication – Médias Édition, édition musicale, publicité Spectacles	Pleine utilisation des media digitaux et Web Réservation en ligne
Grande Distribution – VPC	Business Intelligence : Remontée d'information des points de vente GPA e-commerce GRC : outils d'optimisation de la relation client, centres d'appels Catalogues

1. Gestion globale des projets et des ressources – on parle aussi de PSA : Professional Services Automation.

Intérim	Diversification vers le recrutement et la gestion de ressources humaines en ligne
Santé	
Laboratoires pharmaceutiques ou sociétés spécialisées (CRO – contract research organizations)	Essais cliniques des produits
Laboratoires pharmaceutiques	Réduction des coûts Time-to-market Environnements collaboratifs Problématiques de GED liées aux dossiers d'AMM
Télécommunications	EBPP – e-Billing presentment and payment[1]
Tourisme, hôtellerie, restauration	Gestion de la relation-client y compris avant-vente Traçabilité des produits (qualité et fabrication) et des clients (achats et opinions) Marketing direct (SIG) Réservation en ligne
Transport et sous-traitants logistiques	Traçabilité et localisation, signalement de problème (chaîne du froid) Maintenance prédictive des véhicules Optimisation des tournées

Pourtant, il est vrai que les secteurs d'activité diffèrent, ce qui a des conséquences sur la **maturité** en technologies d'information des entreprises et les vitesses d'évolution respectives, et expliquent les fortunes variables qu'ont connues les places de marché sectorielles.

1. Système permettant aux entreprises (soit en direct, soit par un intermédiaire consolidateur) de facturer les consommateurs, d'être payé et de fournir divers services via Internet.

Les stratégies, qu'elles soient celles de l'entreprise ou de son système d'information, sont donc plus ou moins contraintes.
Nombreux sont les facteurs différenciateurs :

- le métier même du secteur : produits et services, organisation de la production des biens et services…
- l'expérience en termes de technologies ;

Le secteur de l'aéronautique de par son expérience de la CAO a une avance en termes de PLM.

- le périmètre géographique habituel du secteur d'activité ;
- les rapports de force entre fournisseurs et clients, donneurs d'ordre et sous-traitant ;

L'ensemble du secteur automobile, celui de l'aéronautique, est fortement structuré avec des constructeurs puissants et des équipementiers de premier et de deuxième rang de taille diverses. En revanche, certains sous-traitants très spécialisés et performants sont difficilement contournables.

- l'atomisation du marché, le nombre et la taille des entreprises concurrentes qui le constituent ;

Le secteur de la mécanique est fortement atomisé, ce qui n'est pas le cas pour celui de la grande distribution.

- l'environnement politique, légal et réglementaire, les protections existantes ;
- l'environnement socioculturel ;
- l'environnement économique ;
- les évolutions envisageables, par exemple la concentration ou la déconcentration du secteur.

En tout état de cause, les secteurs d'activité ne doivent pas faire l'objet d'une approche globale ; ils se composent de sous-secteurs aux physionomies diverses.
Ainsi pour la construction : grands groupes de travaux publics, grandes entreprises de matériaux, artisans et PME du bâtiment…

3. Les domaines stratégiques dans l'entreprise

Le problème avec la chaîne de valeur telle qu'on l'entend traditionnellement[1] peut être exposé de la manière suivante.
La chaîne de valeur permet de décomposer l'activité de l'entreprise en une séquence d'activités génératrices de valeur pour l'entreprise et appelées activités principales : développement du produit, logistique interne, production, logistique externe, marketing, commerce, distribution, service après vente…
À ces activités s'ajoutent des activités de soutien : activités administratives, ressources humaines, approvisionnements et achats, activités de recherche et développement. Les activités de soutien ne génèrent pas de valeur et sont uniquement des centres de coûts.

L'amélioration de la **performance**[2] de l'entreprise, demande aujourd'hui d'identifier des processus transversaux, qui ne correspondent pas forcément aux fonctions traditionnelles de l'entreprise, mais ont tous pour objectif de créer une valeur pour le client, de créer des avantages qu'il peut voir et toucher.
Les nouvelles technologies de l'information et de la communication permettent de casser les **silos** tradition-

1. Le concept a été introduit par Michael E. Porter en 1986 dans son livre « L'avantage concurrentiel ».
2. De l'excellence…

nels des activités et de mobiliser la réflexion autour de processus clés.
Le travail en plateau, avec des équipes intégrées multi-métiers, illustre le caractère impératif de ces nouveaux modes collaboratifs.

Organiser l'entreprise autour de processus clés

Aujourd'hui chaque processus-clé doit faire l'objet d'un reengineering au travers des technologies de l'information.
Ces processus transversaux concernent :

- les produits : créer le produit, partager les informations qui le concernent jusqu'à sa destruction,
- la chaîne logistique : délivrer les produits et services,
- les clients : répondre à ses besoins et attentes,
- les ressources humaines : optimiser leur collaboration et leur productivité,
- le pilotage : produire de meilleures décisions.

Conséquences :

- chaque projet de système d'information s'inscrit dans l'un de ces domaines[1],
- le fonctionnement en mode projet ne doit pas parasiter l'approche processus,
- les processus doivent être segmentés par couples produits/marchés,
- des projets peuvent être supra-transversaux : ainsi réduire le time-to-market concerne au minimum les processus : produits, chaîne logistique, ressources humaines.

1. Même les investissements faits dans le but de maintenir ou de faire évoluer l'infrastructure informatique s'inscrivent in fine dans ces objectifs.

Les domaines stratégiques

Processus	Objectifs
Produits	Améliorer la productivité Accélérer le cycle de développement du produit Créer de la valeur Améliorer la qualité du produit **Fournisseurs** Commandes plus rapides Meilleure information Coûts plus bas **Marketing** Produits nouveaux et améliorés Nouveaux canaux et marchés Stocks réduits **Développement des produits** Time-to-market plus rapide Fonctionnalités nouvelles Conformités réglementaires Meilleur design
Chaîne logistique	Améliorer le taux de service client Réduire les stocks **Production** Meilleure productivité Coûts plus bas Stocks réduits Amélioration de la qualité **Delivery** Coûts plus bas Stocks réduits Plus grande rapidité Plus de réactivité
Clients	**Marketing** Produits nouveaux et améliorés Nouveaux canaux et marchés Stocks réduits

Processus	Objectifs
Clients	**Vente** Coûts plus bas Cross-selling Acquisition et fidélisation client plus facile Meilleur service Meilleures marges
Ressources humaines	**Fonctions support** Communications plus faciles Coûts plus bas Décisions plus rapides Meilleur reporting Connaissances partagées
Pilotage	Exploiter les informations détenues par l'entreprise Piloter l'entreprise en temps réel

Les produits

On abordera successivement la définition du management du cycle de vie des produits, les secteurs concernés, les catalogues électroniques, les retours sur investissement.

La gestion du cycle de vie du produit [1]

Avec le cPDm[2], toutes les informations concernant les produits sont partagées par les différents services de l'entreprise. La gestion du cycle de vie du produit[3] dispose d'outils accessibles en réseau qui permettent :

1. PLM – Product Lifecycle Management.
2. Collaborative Product Definition management.
3. À ne pas confondre avec le concept marketing de cycle de vie d'un produit qui comprend diverses phases : lancement, croissance, maturité, saturation, déclin.

– la conception numérique des produits ; CAO 2D, CAO 3D, IAO, simulation numérique (Calcul, Maquette, Prototype), VPI ;
– la conception de la fabrication des produits : définition de l'usine numérique (MPM) : chaîne d'assemblage, process de fabrication, équipements ;
– l'élaboration et la conservation grâce à des systèmes de Gestion des Données Techniques (SGDT)[1] de toutes les données produits[2] : fichiers CAO et schématiques, documents textes, dossiers, lots de travaux, arborescence et ses niveaux fonctionnels ;
– les connexions à d'autres applications : le SGDT permet par exemple de recueillir et de transmettre des informations provenant des logiciels de conception, de gestion, de maintenance ou encore de l'ERP ou de la Supply Chain et peut alimenter des catalogues électroniques tournés vers les clients ;
– la gestion des projets et la collaboration (interne et externe à l'entreprise) autour de la conception d'un produit.

Sur cet aspect collaboratif, il existe trois niveaux de sophistication croissante.

– La collaboration peut consister en simples outils **d'échanges** de fichiers et de travail en groupe ; visualisation de fichiers, workflows[3].
– Il peut s'agir de **coconception** : revue de documentation, annotations, Web-conférence, e-collaboration, workgroup…

---

1. Ou PDM – Product Data Management.
2. Y compris celles qui seront indispensables en fin de vie du produit, lors des phases de retraitement prévues par certaines réglementations antipollution : présence d'europium ou d'oxyde de zinc dans des équipements électriques et électroniques, par exemple.
3. Processus incluant des tâches automatisées et des interactions humaines – des moteurs de workflow sont embarqués dans de nombreux logiciels.

Les fichiers sont envoyés par e-mail, ou sur un site Web. Ils peuvent être ouverts avec n'importe quel ordinateur grâce à des « visualiseurs » (ou players) associés au fichier. Ils peuvent ainsi être annotés et renvoyés quasiment en temps réel, pour modification locale dans le fichier source.

– Dans le cas du **codesign**, les données sont partagées en temps réel. Sa mise en œuvre reste soumise aux évolutions des formats standards de fichiers, et à l'augmentation de la bande passante.

Les secteurs concernés

Le premier secteur concerné est **l'industrie manufacturière** puisque 80 % du système d'information des entreprises concernent les produits. Ce sont les industries de moyens de transport ; automobile, aéronautique, chemins de fer, construction navale...
Sont concernées les entreprises de toute taille (et pas seulement les grands constructeurs), quels que soient les budgets disponibles.
Ainsi à côté du projet Enhance[1] des grands constructeurs aéronautiques, on note l'initiative des PME équipementiers du secteur (le projet CASH[2]).

On trouve aussi les industries manufacturières où la collaboration avec les clients pour élaborer les produits est importante. C'est le cas pour les sous-traitants automobiles et d'autres industries manufacturières : OEM[3] d'équipements électriques et électroniques, de construction mécanique, d'injection plastique.

---

1. Enhanced Aeronautical Concurrent Engineering.
2. Collaborative working within the Aeronautical Supply Chain.
3. Original Equipment Manufacturer.

Sont également concernés les projets **AEC** (Architecture, Engineering and Construction)[1].
De plus en plus, recourent aux outils de PLM toutes les entreprises pour lesquelles les capacités de **création**, de design et d'innovation permanente sont cruciales: pharmacie, industries des biens de consommation (joaillerie, jouets, vêtements)... et les cabinets et sociétés d'ingénierie.
Les bureaux d'étude ne sont pas les seuls intéressés par ces problématiques (c'était le cas pour la CAO). En premier lieu; les directions techniques et de production, mais aussi les directions générales, les directions informatiques, les bureaux Études, Méthodes, Calcul.

Produits et catalogues électroniques

Nous sommes là au carrefour de la connaissance produits et de la relation clients. L'élaboration d'une plate-forme d'informations produits, d'un catalogue global, peut être un puissant outil de fidélisation des clients[2], notamment si elle est mise à leur disposition par l'intermédiaire d'un site Web, ou de leur propre intranet.

Technologiquement, la solution doit:

- assurer la récupération de données (structurées et non structurées) dans le back-office (SGDT ou ERP[3]),
- permettre d'enrichir les contenus informatifs commerciaux ou techniques avec des supports variés; textes, images, vidéo, plans et schémas...

---

1. Conception, construction, exploitation et maintenance d'infrastructures (immeubles de bureaux, stades, autoroutes, réseaux de communication...).
2. Qu'il s'agisse de B2B ou de B2C, tout en constituant un support interne, par exemple pour les commerciaux et technico-commerciaux.
3. Informations statiques (code article) ou dynamiques (état des stocks).

– permettre la délivrance – selon les segments de clientèle ou de manière très personnalisée[1] – du catalogue ou d'extraits pertinents de ce catalogue aux clients concernés,
– accompagner le catalogue avec des services[2] d'aide à la recherche, de paniers, d'élaboration de devis, de supports, de commandes en ligne, de gestion de compte, d'outils collaboratifs…

Le catalogue électronique a une richesse sans commune mesure avec un catalogue papier.
Le format XML est dans ce cadre incontournable.

Générer des retours sur investissement en partageant les données produits tout au long de leur cycle de vie

Les retours sur investissement

Les projets de gestion du cycle de vie produits visent à améliorer la productivité mais aussi à créer de la valeur. On estime que 80 % du coût et de la performance du produit est déterminé par la phase de conception.

• Améliorer la productivité

Il y a d'abord **gain de temps** sur les process globaux entre le développement et la mise en production et entre la production et le marché.
Ce gain de temps provient par exemple :

– de la réduction du nombre de prototypes nécessaires,
– de la limitation des allers-retours des plans et maquettes entre les bureaux d'études et les autres services et partenaires de l'entreprise,

---

1. Par exemple, en fonction des divers services achats d'une entreprise cliente.
2. Parfois tellement intéressants qu'ils peuvent être payants : ce peut être aussi des applications délivrables en ASP.

– d'une meilleure communication entre les équipes, d'une meilleure synergie,
– du moindre nombre de demandes de modification tardives,
– de la réduction du prix de revient des produits fabriqués,
– des gains de temps en accès aux données produits,
– de la réduction des délais de diagnostic après-vente.

• Créer de la valeur

La création de valeur provient de trois éléments principaux.
En associant en amont le client, on le fidélise et on s'assure de sa satisfaction.
Les outils permettent une plus grande qualité du process et du produit.
La réactivité par rapport au marché et la capacité d'innovation de l'entreprise sont largement accrues.

Bien évidemment ces outils changent les façons de travailler : les acteurs doivent apprendre ce qu'est la gestion de projet et apprendre à collaborer, l'efficacité des outils demande des référentiels communs.
Il est nécessaire de mettre à plat les processus et les organisations.

La chaîne logistique

De manière extensive[1], la chaîne logistique couvre l'ensemble des activités entre l'approvisionnement en matières et composants et la livraison au client.
Elle doit être positionnée comme une discipline majeure de l'économie d'entreprise.

1. On utilise parfois l'expression « global fulfillment ».

On distingue traditionnellement la **logistique amont** (opérations d'approvisionnement, de réception et de gestion de stock[1]), la **logistique interne** (production[2] : planning, ordonnancement, lancement, suivi) et la **logistique aval** (de la production au client : opérations de distribution, de transport et d'après-vente).
La conception de supply chain management dépasse les limites d'une seule entreprise ; il s'agit d'automatiser la chaîne logistique en interne et de la synchroniser avec celle de ses fournisseurs – et de ses clients.

Raisonner en entreprise étendue pour manager la supply chain

Le Supply-chain Council, organisation indépendante, a ainsi développé un **modèle** de référence des opérations de la supply-chain (modèle SCOR)[3], qui couvre l'entreprise étendue : les fournisseurs de mes fournisseurs, les clients de mes clients…

Le SCM[4] gère dans ce cadre une triple problématique :

- l'enchaînement des opérations physiques,
- celui des flux d'information[5],
- celui des flux de remontée d'information depuis le marché.

Le rôle de la supply-chain est central[6] pour :

1. Available To Promise.
2. Capable To Promise.
3. SCOR : Supply-Chain Operations Reference.
4. SCM – Supply Chain Management.
5. Supply Chain Execution.
6. C'est pourquoi on assiste dans les entreprises à des mouvements de balancier entre l'externalisation de la SC avec des prestataires logistiques spécialisés et son internalisation lorsque l'entreprise se rend compte de la nécessité – en termes de stratégie industrielle – de garder la maîtrise de sa supply chain – phénomène accru aujourd'hui par le développement du cross-docking (la marchandise transitant simplement par les plate-formes du fournisseur au linéaire).

– la diminution du Besoin en Fonds de Roulement (BFR) de l'entreprise en supprimant les stocks et les invendus au maximum par les flux tendus et le zéro stock,
– l'augmentation du taux de service en offrant aux clients de nouveaux services ; gestion de leurs approvisionnements, traçabilité…
– l'augmentation du chiffre d'affaires en ajustant en temps réel l'offre à la demande, en fabriquant et en livrant en temps et en heure, en personnalisant les produits ;
– la gestion des processus de production.

L'introduction du SCM induit de considérables **bouleversements** dans l'organisation des services. Le soutien inconditionnel de la direction générale est indispensable. Ici aussi la réflexion passe par un décloisonnement des activités des différents services et une intégration des partenaires extérieurs.

Le SCM repose sur des outils :

– de prévisions à court et moyen terme, ce qui explique la nécessaire connexion du SCM aux ERP, CRM, applications de logistique et à la GPAO…
– de modélisation de la chaîne logistique,
– de planification et d'aide à la décision,
– de gestion des incidents et des exceptions [1] qui permettent de se focaliser sur les seuls problèmes et de trouver des solutions,
– d'ajustement des prix qui permettent de faire fluctuer les tarifs en fonction des difficultés rencontrées lors de la production.

On abordera successivement l'e-procurement, la traçabilité, le pilotage de la supply chain par l'aval, la logistique des retours.

---

1. SCEM – Supply Chain Event Management.

L'e-procurement

Les stratégies d'e-procurement ont à leur disposition des **axes** d'action variés :

– le sourcing, la rationalisation du panel fournisseurs,
– le management des relations fournisseurs [1],
– l'amélioration et la dématérialisation des process d'achat en interne et dans le lien avec les fournisseurs ; workflow de commande, de réception, de facturation et de règlement – portail interne d'achats [2],
– les modes d'achat (sites Web ; enchères, enchères inversées, appels d'offre, extranets fournisseurs, recours à des places de marché…).

Ces stratégies sont à adapter en fonction du **type d'achats** concernés. S'agit-il d'achats directs, d'achats de production ou d'achats généraux ? Les produits achetés sont-ils substituables ?,
Les valeurs unitaires des achats, la capacité à agir sur les prix entrent également en ligne de compte.

Elles varient également en fonction du **type de fournisseurs** : fournisseurs de produits standards, fournisseurs partenaires (produits customisés), fournisseurs stratégiques (produits à engineering et design commun).
Les achats stratégiques lourds qui font l'objet d'une conception en collaboration ou de négociations longues en termes de prix restent a priori off-line.

Baisser le coût administratif des achats

Une stratégie d'e-procurement génère facilement des retours sur investissement dans ce domaine où souvent 80 % du temps des acheteurs est consacré à la gestion de 20 % de leur budget achats :

1. Ou SRM – Supplier Relationship Management.
2. Dans ce cadre, la problématique de gestion de contenus et de catalogues électroniques est cruciale.

– baisse du coût administratif des achats,
– processus d'achat plus simples et rapides (entre la demande d'achat et la commande au fournisseur) et comportant moins d'erreurs de saisie,
– diminution des achats non programmés,
– réduction des stocks,
– meilleure connaissance des produits et des fournisseurs existants,
– standardisation des composants…

Évidemment la mise en œuvre d'une stratégie d'e-procurement doit être l'opportunité d'une amélioration des processus internes et de la politique d'achat (rédaction de contrats-cadres) en fonction des possibilités offertes par les technologies et comporter des mesures d'accompagnement. Elle doit viser aussi la surveillance de la performance des fournisseurs.

La part moyenne des achats électroniques dans les achats des entreprises est inférieure à 2 %[1]. Mais, elle est bien supérieure dans certains domaines : 60 % dans l'assainissement, 47 % dans de commerce et la réparation automobile, 30 % dans l'immobilier, l'hôtellerie-réparation, l'informatique, le commerce (grande distribution notamment).

La traçabilité

De manière générale, les entreprises possèdent une meilleure maîtrise de la logistique amont par rapport à la logistique aval.
Il s'agit de mettre en place des produits en temps et en heures sans surcoût de stocks. On touche là, en se rapprochant du client, aux problématiques de GRC.

1. Enquête INSEE – 2000 (Chiffres France).

Savoir d'où vient, où est, où va le produit

La traçabilité devient une problématique fondamentale.

Il existe deux types de traçabilité.
La première vise à garder la trace de l'origine et des différentes étapes de la **vie d'un produit**. C'est ce qu'on appelle la traçabilité produit (ou tracing). Elle est obligatoire pour certains produits : pharmacie, viande bovine, produits OGM.
Les objectifs sont d'offrir des garanties touchant aux produits ou de permettre le rappel de certains produits en cas de doute sur leur qualité ou leur conformité.
La deuxième permet de suivre le **cheminement physique** d'un produit ou d'une unité logistique (palette, carton). C'est ce qui s'appelle la traçabilité logistique (ou tracking). Les objectifs sont de permettre une meilleure gestion de stocks et d'offrir un meilleur service aux clients. Ces services sont notamment proposés par les messageries.
La problématique est identique. Il faut associer un flux de données à un flux physique, généralement autour d'une plate-forme Internet.
La puissance de nouvelles technologies comme la géolocalisation et les étiquettes RFID[1] permet d'envisager pour l'avenir – une fois résolus des problèmes de coût[2], d'organisation et de normalisation (modes de collecte de l'information, modes d'identification avec des langages communs des composants, produits…) la traçabilité totale[3].

---

1. Technologie sans contact permettant le dialogue entre un émetteur distant et un récepteur via des ondes électromagnétiques. L'étiquette réceptrice peut enregistrer des informations tout au long de sa vie.
2. 0,30 dollar aujourd'hui.
3. Et ces échanges invisibles entre produits et objets communicants qu'on dénomme déjà « silent commerce ».

Le pilotage de la supply chain par l'aval

Les environnements de production[1] intègrent tous une prévision de la consommation finale, mais il s'agit d'aller plus loin.
Il répond au rêve de toute entreprise : ne produire que ce qui est vendu, à l'image du modèle Dell d'activation de la filière amont.
Plusieurs approches tournent autour de cet idéal.

Piloter par la demande client

• L'ECR

Le mouvement ECR (Efficient Consumer Response)[2] a débuté aux États-Unis dès 1993 dans l'industrie de l'alimentation avec comme mot d'ordre *« Working together to fulfill consumer wishes better, faster and at less cost »*, qui met en avant trois principes : le focus sur le client, la collaboration entre fabricants et distributeurs de tous niveaux, l'offre de la meilleure valeur au **moindre coût** pour le client. Si l'ECR concerne l'ensemble de la supply chain, elle insiste sur la nécessité d'avoir un flux d'approvisionnement lisse et continu aligné sur la consommation.

• Le supply chain planning[3]

Il apporte la visibilité sur la demande, le niveau des stocks et les objectifs en termes de niveaux de service, donne la possibilité de créer les conditions optimales de production, d'achats, de logistique : limite de délais, en matière d'approvisionnement et de production.

1. MTS, MTO/ATO/ETO.
2. « Efficacité continuellement renouvelée » au Canada.
3. Ou APS – Advanced Planning and Scheduling ou Demand Planning Management.

• La GPA

La Gestion partagée des approvisionnements[1] met en œuvre une stratégie commune entre industriels et distributeurs. Il s'agit de rassembler et de mettre en commun les prévisions disponibles sur les plans marketing, commercial, logistique, de manière à donner aux fournisseurs la visibilité la meilleure possible sur l'aval et leur permettre d'approvisionner en fonction des besoins. Entrepôts et points de vente sont approvisionnés en temps réel par **remontée** d'informations.
Les conséquences claires : il y a moins de rupture de produits et moins de stocks.
Les acteurs des produits de grande consommation (PGC, notamment grande distribution) et les industries d'assemblage (automobiles, équipements informatiques...) sont les plus avancés dans ce domaine : leur chaîne logistique complexe justifie les investissements nécessaires.

La logistique inverse[2]

Elle est relative aux flux qui vont des clients vers le fournisseur.
La logistique des retours concerne par exemple la reprise d'emballages, la reprise des matériels en fin de leasing ou la reprise des produits en fin de vie[3].

La relation client

Si l'éclatement de la « bulle Internet » a eu des effets dommageables sur les portefeuilles des investisseurs,

1. CPFR – Collaborative Planning Forecasting and Replesnishement.
2. Ou Reverse Logistic.
3. Promise à un grand avenir avec la directive européenne du 27 janvier 2003 sur les produits en fin de vie.

elle n'en a pas moins eu sur le bon sens économique de nombreux décideurs qui ont cru que l'avenir pouvait attendre un peu, à la différence de certains de leurs concurrents qui aujourd'hui se retrouvent dans des positions favorables.
Ainsi, certains sites Internet sont aujourd'hui bénéficiaires. Il s'agit de ceux qui se sont créés sur des métiers nouveaux comme les enchères en ligne (e-Bay), sur des désintermédiations de secteur (hotels.com, expedia), ou des activités de la distribution (Darty, Fnac) et des VPCistes (La Redoute, Les Trois Suisses).
Leurs coûts de structure progressent aujourd'hui bien moins vite que leurs chiffres d'affaires.
Par ailleurs, la meilleure rentabilité du canal Internet par rapport aux autres canaux est soulignée par ces entreprises[1]. Pour ne prendre que les chiffres du commerce électronique grand public, qui était au cœur de la bulle, il a connu une progression ininterrompue, tout comme le nombre d'internautes, le temps qu'ils passent en ligne, le nombre d'acheteurs. Le chiffre d'affaires des sites marchands français a progressé de 60 % en 2002[2].

Aux leçons du passé, s'ajoutent des pistes pour l'avenir.

Les leçons du passé

Les commerçants en ligne ont connu de véritables parcours du combattant – et de nombreuses victimes – qui ont permis de mettre en évidence quelques points incontournables.

---

1. Par exemple deux fois plus rentables pour La Redoute.
2. Cahier de recherche n° 180 du CREDOC – le commerce électronique cinq ans après : qu'avons nous appris ? – janvier 2003.

• La marque

Son importance s'est affirmée dans l'histoire récente du net avec le retour des acteurs traditionnels devant les start-up : la FNAC devant Alapage, le Crédit Agricole devant Boursorama.

• La qualité du site

L'acte d'achat doit être une expérience positive pour le client. Il ne suffit pas d'attirer l'internaute ; il faut le fidéliser. Dans le contexte actuel du Web, l'absence de problème pour le client est un motif de fidélisation.
Revêtent alors une importance insoupçonnée l'ergonomie du site et sa navigation, son aspect professionnel, la clarté et la conviction de ses messages.
Les services offerts en ligne – de plus en plus au sein d'un portail – sont de bons outils de fidélisation : création de contenus dynamiques et personnalisés divers [1], catalogues, configurateurs en ligne…

• La confiance

La confiance dans l'Internet progresse : les achats des particuliers se développent, la méfiance vis-à-vis des paiements en ligne s'estompe progressivement. Dans le domaine du tourisme, l'utilisation de la carte Visa s'est accrue de 531 % en 2002 [2].

---

1. Contenus non structurés pour la gestion desquels les logiciels de contenu Web sont adaptés (WCM – Web Content Management).
2. Et de 112 % pour la vente au détail (source Visa International – février 2003).

• La logistique

De nombreuses entreprises ont sous-estimé l'importance de la mise à disposition rapide des produits et du poids que représentait cette exigence en entrepôts, en gestion des stocks et en transport. La VPC disposait là d'un savoir-faire irremplaçable.

• La distinction des stratégies
selon le caractère identifiable des produits

Les meilleurs scores de vente en ligne[1] sont réalisés par les produits touristiques, les produits culturels (livres, supports audio et vidéo, logiciels...), les produits informatiques, les vêtements et les jouets.

La difficulté sur un site Web est d'identifier le produit. Les produits **identifiables** (un roman, un CD de tel interprète, tel yaourt de telle marque...) se vendent sans difficulté majeure. La stratégie vise à développer la confiance de l'acheteur dans la marque, la sécurisation du paiement, la fiabilité de la livraison.
Certains produits sont identifiables, mais ont besoin de **services** indispensables à la décision d'achat (aide à l'affinement du choix, conseils d'utilisation...) que le Web peine à fournir. La stratégie vise alors à accroître la synergie avec les points de vente physique. C'est le cas des outils et matériels de bricolage ou des matériels audio-vidéo. Le site Web est dans ce cas une aide à la préparation de l'acte d'achat. Les statistiques[2] montrent que la proportion d'internautes qui préparent leurs achats

---

1. Voir par exemple les chiffres du Real World Internet Index, du magazine *Business Week*.
2. Mission pour l'économie numérique (chiffres France).

en ligne et les concluent hors ligne est comparable en volume à celle des internautes qui achètent en ligne.
Il existe des produits **non identifiables**, comme le frais alimentaire (viandes, fruits, légumes...). Une stratégie d'amélioration de l'identification a par exemple été mise en œuvre par certains fleuristes en ligne. Le bouquet est identifié par l'acheteur sur le catalogue. Le bouquet « réel », celui qui est envoyé au client, est photographié avant expédition.
Il existe enfin des services **invisibles**, non palpables; voyages, services bancaires... pour lesquels la confiance en la marque est nécessaire.

Les prescriptions pour l'avenir

• Agir au-delà de ses clients

Le réseau, les sites Web, l'e-mailing permettent de toucher au-delà des clients des cibles variées qui ont un poids pour l'entreprise. Il peut s'agir des prescripteurs, des consommateurs finaux, de la presse et de l'opinion publique, des institutions et ONG...
La difficulté en voulant toucher des clients finaux est de ne pas court-circuiter le réseau de distribution, mais de l'associer ou de mettre en œuvre une politique en vue de son soutien et de sa dynamisation.
Un fabricant n'a pas vocation à vendre en ligne mais dans la chaîne de valeur ajoutée, les nouvelles technologies permettent à n'importe quel maillon de prendre le pouvoir.

Enrichir l'expérience de ses clients grâce à une stratégie de sites Internet

• Segmenter ses messages et ses stratégies

Les outils technologiques, leurs possibilités d'analyse et de traitement, permettent de segmenter de manière fine les

clients (en connaissant notamment mieux les plus profitables d'entre eux), de recueillir des informations précises sur les communautés, les tribus ainsi déterminées.
L'objectif est non seulement de leur adresser des messages ciblés mais aussi de leur proposer des produits et des services adaptés.
La prise de conscience des possibilités offertes par les nouvelles technologies dans ces domaines ne semble pas totale[1]. Or on est passé du mass-media au **segment-media**. C'est du moins un point de passage obligé pour la construction d'une marque.

• Assurer une stratégie unique multicanale

Trop d'entreprises ont encore autant de systèmes d'information que de canaux clients ; magasins, sites marchand, centres d'appel, bornes interactives, carte client...
Les données clients doivent être intégrées de manière à avoir en temps réel une vision unique de la relation client et une action cohérente et réellement personnalisée. Le client ne doit pas avoir le sentiment que l'entreprise ne centralise pas les données qui le concernent.
La GRC (Gestion de la relation client)[2] offre une méthodologie et des outils de gestion commerciale et de support client dans ce sens.
Par exemple, des centres d'appel traditionnels, on passe ainsi aux centres de contact multicanaux[3] : voix sur IP, courrier électronique, messagerie instantanée, rappel automatique, conavigation Web...

---

1. Alors qu'on parlait, naguère, de marketing one-to-one.
2. Ou CRM – Customer Relationship Management. Elle recouvre les applications de gestion des opérations commerciales et des comptes-clients, de support client et de gestion de la force de vente (SFA – Sales Forces Automation).
3. Permis par les middleware CTI – Couplage Téléphonie Informatique.

La reconnaissance de **l'unicité** du client et la stratégie du multicanal doit s'accompagner de la prise de conscience que chaque politique de canal est propre : le site Web n'est pas un magasin comme un autre.

Placer le média Internet au centre des relations clients et du marketing

• Mettre Internet au centre des programmes de communication marketing

Autre pas à franchir. Internet n'est pas qu'un autre canal de communication, un silo de communication interactive juxtaposé aux autres modes de communication[1]. Il est d'abord différent puisqu'il est **interactif** et rend donc l'utilisateur actif et plus engagé dans sa relation avec la marque.

Autre différence, il est à lui seul un outil de recueil d'information et de chiffres sur les **comportements** des internautes sur le site (tracking et profiling). C'est le seul média à pouvoir analyser en temps réel les résultats d'une campagne marketing qu'il a lancé.

Il doit surtout être la plate-forme d'organisation **centrale** pour les programmes de communication marketing sur différents canaux. Il lie entre eux l'ensemble des efforts de communication autour de la marque, c'est-à-dire l'ensemble des expériences de la marque qu'a ou que peut avoir le client.

Le canal Internet est donc plus que simplement complémentaire aux autres canaux.

Il permet de les amplifier, d'accompagner et de relayer leurs actions et campagnes[2].

---

1. Parce qu'à vrai dire on ne sait trop quoi en faire
2. Encore faut-il que l'indication de l'adresse du site Web quel que soit le support de communication soit comprise comme une obligation par les entreprises.

Un site Web permet à ce titre :

- de développer les messages d'une campagne publicitaire,
- d'assurer une permanence entre deux campagnes,
- de présenter les images de la marque au plan international,
- d'améliorer la couverture des promotions et des actions de sponsoring,
- d'orienter en cas de crise les internautes inquiets sur un site événementiel adapté,
- d'assurer la logistique informative des points de vente : plans d'accès, disponibilité des articles vendus, tout ce qui permet de préparer ses achats…

Il permet de vendre en ligne des supports de la marque ; goodies et produits publicitaires…
Il participe à la différentiation produits – différentiation qui fait véritablement la valeur de la marque[1] – puisqu'il permet d'ajouter aux produits et services vendus[2] informations, jeux, services (conseils personnalisés, outils de calcul, configurateurs…)
Après les balbutiements des débuts d'Internet, les inventeurs de ces services veillent à les protéger en termes de propriété industrielle.
La marque peut mettre en œuvre une véritable stratégie de sites Web spécialisés :

- site institutionnel,
- site commercial (par exemple : www.timberland.com),
- site boussole pour orienter les utilisateurs,
- site d'image qui met en évidence les valeurs de la marque et sa présence media (www.lafuma.com),
- site parallèle qui sponsorise une activité ou une communauté (www.loisirsoutdoor.com),
- site dédié à une communauté (les rollers pour www.skfsport.com).

1. Selon une étude fameuse de Young & Rubicam.
2. Exemple classique ; le service tracking de FedEx.

• Assurer la présence de la marque Web

À la stratégie de communication, doit s'ajouter une stratégie de **visibilité**.
Il s'agit d'abord d'assurer la meilleure présence possible sur le Web de l'entreprise et de ses marques.
Cela passe par le référencement du site, les programmes d'affiliation, le marketing viral[1] et la surveillance des initiatives nouvelles de manière à pouvoir en faire bénéficier la marque.
Il faut ensuite veiller à l'image de la marque véhiculée par des sites comparatifs, des communautés ou des forums de discussion.

• Bâtir une stratégie adaptée à l'international

Les problématiques internationales doivent être envisagées en amont. Il ne s'agit pas que de langue, mais aussi de localisation des contenus en fonction des cultures et d'intégration des données juridiques et financières. Les pratiques des différents marchés en matière d'achats sont évidemment variables. Selon la formule consacrée, « think globally, act locally ».

Ressources humaines et compétences

Il est possible de maximiser l'apport des nouvelles technologies dans les ressources humaines en visant :

– l'alignement des compétences sur les stratégies de l'entreprise,

---

1. Ou Guerilla Marketing, qui permet de répandre la notoriété de la marque par des voies parallèles, le bouche à oreille…

– le management des compétences, leur repérage et leur évolution[1],
– une meilleure autonomie des salariés.

Les domaines d'application sont nombreux et riches : recrutement, formation, annuaires d'entreprise, gestion des carrières…

Un des grands chantiers des entreprises consiste à développer l'**environnement** individuel numérique de travail[2].

Au « début », l'intranet de l'entreprise se limitait à présenter des pages d'information. C'était un site Web interne, ou un ensemble de bases de données accessible en réseau.

L'intranet a connu une intégration de plus en plus poussée au système d'information jusqu'à être aujourd'hui le tissu conjonctif du système d'information. On peut même parler « d'application englobant toutes les applications de l'entreprise »[3]. À ce titre, le portail d'entreprise est un élément pivot de la stratégie du système d'information.[4]

Développer la performance de l'environnement individuel de travail

De quoi se compose le portail d'entreprise ?

Son utilisateur, le collaborateur de l'entreprise, dispose d'une **interface** unique, le navigateur Web.

Ce client universel peut être adapté selon l'accès. On ne peut plus concevoir un portail d'entreprise sans envisager l'échéance d'une diffusion multicanale : l'utilisateur

1. Notamment par l'e-learning, que l'on peut préférer appeler *Technology Enabled* Learning.

2. Ou e-workplace.

3. Les Portails d'entreprise, Conception et mise en œuvre – Jean-Louis Bénard – Hermès Science.

4. Cet aspect d'intégration portail/existant peut emprunter plusieurs voies : l'approche point à point (le portail étant conçu comme une interface Web) – l'approche plus « urbanisation » en termes d'EAI – la convergence des services Web avec le portail pouvant être une troisième voie (standard WSUI – Web Services User Interface).

devra pouvoir accéder aux informations depuis un PC, un ordinateur de poche ou un téléphone.
« Derrière » cet interface, se trouve le **logiciel de portail** qui a de nombreuses missions :

- authentifier l'utilisateur,
- sécuriser l'accès aux données et applications,
- personnaliser l'environnement de travail et les services offerts selon le profil ou les souhaits de l'utilisateur,
- présenter un ensemble graphique cohérent et navigable.

Par-dessus tout, le portail permet d'agréger en un point d'entrée unique les composantes du système d'information nécessaires à l'utilisateur dans le cadre de ses fonctions.
Sur le plan applicatif, on note une fusion progressive des approches et des technologies :

- infrastructure de portail[1] ;
- gestion/publication de contenu structuré/non structuré, avec ses fonctions de back-office (indexation, catégorisation, personnalisation…) ;
- travail collaboratif.

L'utilisateur peut ainsi accéder à des contenus **informatifs** de toute nature, rechercher une expertise particulière dans l'annuaire de l'entreprise, consulter une revue de presse, s'abonner à des actualités spécifiques, télécharger des logiciels, se former à distance…

Il entre également dans un univers **collaboratif**[2], monde dans lequel la messagerie d'entreprise, le courrier électronique, fera de plus en plus la place à des modes

1. Avec sa couche applicative de serveurs d'intégration et d'applications.
2. Le groupware.

plus adaptés[1] de collaboration : messagerie instantanée, Web conférences[2], agendas partagés, workflows... Ce collaboratif sera de plus en plus contextuel, c'est-à-dire invoqué dans le cadre de telle ou telle application particulière.
Les outils de collaboration favorisent l'expansion des connaissances au sein de l'entreprise[3] parce qu'ils délivrent des flux d'information fraîche, de valeur souvent supérieure aux stocks d'information existants[4].

Il a accès aux **applications** métiers existantes qui concernent sa fonction; ERP, CRM, décisionnel, GED, workflows d'achats... Le portail permet de mettre fin à des verticalisations trop poussées d'applications, obligeant à utiliser des terminaux différents pour des applications différentes.
Il a également accès à des contenus externes, sur des sites Web ou des extranets d'entreprises partenaires.

L'échange entre l'utilisateur, le logiciel de portail, les diverses composantes du système d'information s'appuie sur une infrastructure de réseaux IP, qui, sous réserve de sécurisation ou de cryptage, sera le réseau public ou demandera éventuellement un investissement en VPN.
Les évolutions attendues en termes de débit (9,6 gbits/sec prévus avec Internet2) permettront à terme le partage à distance d'un environnement de travail en temps réel[5].

---

1. Et moins coûteux en espace disque, bande passante, licences logicielles.
2. « Click to meet ».
3. Et au sein de communautés diverses qui rassemblent des équipes, les partenaires de projets, les experts d'un domaine, ou des acteurs partageant les mêmes intérets.
4. On devrait parler de Knowledge Enabling plutôt que de Knowledge Management.
5. Ce qui est déjà dénommé téléimmersion.

Parce qu'il permet l'accès unique de chaque utilisateur à son propre environnement de travail, le portail est une couche **incontournable** du système d'information.
C'est donc un support crucial des stratégies de l'entreprise, et ce principalement de trois manières.

En premier lieu, l'ensemble des fonctions et des métiers de l'entreprise est concerné par la création de **valeur** que génère le portail d'entreprise. On peut citer aussi bien la Recherche-Développement que les Ressources Humaines, la finance que la production…
Aussi, la mise en œuvre du portail peut-elle répondre à une **priorité** stratégique concernant un domaine spécifique (le suivi des incidents-clients, la documentation Qualité, le Brand Management) ou certains acteurs de l'entreprise ; la force de vente (notamment avec le développement des accès mobiles), les services marketing nationaux d'une société internationale, les nouveaux collaborateurs…

En second lieu, le portail peut fournir à la stratégie d'entreprise sa capacité à mettre en action des **transversalités**, à développer des synergies industrielles, fonctionnelles… C'est là qu'il prend tout son poids ; il peut supporter tous les « outils de transversalité » – processus, projets, travail en plateau virtuel, consolidation d'informations…
Par exemple, des réflexions fonctionnelles précises peuvent porter sur les questions : quel intranet créer – de manière transversale à l'entreprise – pour réduire le time-to-market ? pour intégrer rapidement les entités nouvellement acquises dans le cadre d'une croissance externe ? pour aboutir à une connaissance exhaustive des clients grands comptes ? pour tourner l'ensemble de l'entreprise vers le client ? pour améliorer la productivité de tous ?

Enfin, on doit considérer que le portail d'entreprise – marqué par les tendances lourdes de l'évolution des systèmes d'information ; plus d'intégration, plus de collaboration, plus d'ubiquité – doit s'ouvrir, et ouvrir ainsi de manière sélective l'ensemble du système d'information de l'entreprise à un cercle plus large de **partenaires** de l'entreprise.
Ainsi, le SAV d'un distributeur pourrait accéder à certaines données techniques que le portail offre par ailleurs – de manière plus exhaustive – à certains de ses collaborateurs autorisés.

D'autres bénéfices sont sensibles en termes de gains de temps, d'efficacité, d'économies. Leur mise en évidence peut contribuer à bâtir un business case auquel les décideurs sont bien sûrs sensibles.

Bénéfices du portail d'entreprise

Gain de temps	Pertinence de l'information délivrée de manière personnalisée aux utilisateurs Accès permanent à l'information Instantanéité des mises à jour Facilité d'accès à de nombreuses applications accrue par la mise à disposition de l'utilisateur d'un seul interface utilisateur Réduction du temps passé sur informatique pour certaines catégories de collaborateurs
Efficacité	Meilleure efficacité par rapport à un système d'information antérieur organisé en « silos » Meilleur partage des informations dû à la facilité de publier ces informations (par exemple, les rapports de visite pour les commerciaux) Facilité accrue d'administration du système d'information grâce au SSO – Single Sign On Utilisation de la couche de présentation du portail pour de futures applications, donc gain en temps de développement

Économies	Moindres coûts de conception, d'impression, de distribution, de diffusion de documents de toute nature : documents commerciaux, tarifs, annuaires… Économies en temps de déplacement, de recherche d'information, de consultation… Applications de self-service ; demandes de congé, notes de frais, inscriptions à des séminaires de formation… assurées par les salariés eux-mêmes

Parce que le portail d'entreprise est un élément-pivot, parce qu'il est « visible » en tant qu'élément du système d'information le plus proche de l'utilisateur, il convient de prêter garde à un certain nombre de points critiques.
Le portail est conçu pour l'utilisateur : contenus d'information, accès aux applications, modes de recherche sont étudiés de manière à l'inciter à ne travailler qu'avec ce nouvel environnement de travail.
La recherche d'efficacité peut conduire à étudier de manière précise et à revoir certains processus d'entreprise. L'implication de maîtres d'ouvrage de domaines différents est alors indispensable.
Dans le cadre de sociétés internationales, les problématiques de langue, de localisation culturelle et de coordination des portails locaux avec les autres portails de l'entreprise représentent des domaines à étudier avec soin.
Le portail repose impérativement sur deux référentiels :

- le référentiel, qui contient la définition de toutes les notions métiers de l'entreprise,
- l'annuaire qui contient les données des utilisateurs.

Le **référentiel** est l'ensemble structuré des informations métiers.
Un métier manipule deux à trois cents données macroscopiques clés, ce qui représente pour une entreprise deux à trois mille termes.

Le référentiel permet de décrire chaque concept par des métadonnées et de donner un référentiel commun aux divers métiers de l'entreprise.
On ne peut faire l'économie de ce suivi si on veut avoir un système d'information intégré.
L'administrateur de référentiel est le garant des données de l'entreprise sur le plan sémantique. C'est lui qui s'assure que chaque donnée macroscopique a, à l'échelle de l'entreprise, une définition claire, le cas échéant des règles de gestion et un propriétaire.

Bâtir des référentiels d'entreprise

L'annuaire d'entreprise est à la fois support des messageries et des politiques de contrôles d'accès, et porteur de contenus de plus en plus riches concernant les personnes et l'organisation de l'entreprise[1]. En fonction des autocommutateurs, il est parfois possible d'appeler un correspondant au téléphone en cliquant simplement sur la page Web.
Sa conception, la consultation de ses contenus grâce à des interfaces conviviales, la décentralisation de son alimentation (grâce à des workflows) et de son administration sont des problématiques désormais incontournables.
Une part conséquente de l'effort de création du portail porte sur son « lancement marketing » en interne et sur les actions nécessaires d'accompagnement au changement.
Mais c'est aussi tout le fonctionnement dans le temps – et les budgets afférents – qui doit être prévu et organisé de manière à assurer la pérennité de l'intranet : mise en place de rédacteurs pour les contenus éditoriaux, gestion « technologique », sécurité, administration des droits, analyse des statistiques de fréquentation…

1. Un annuaire complet peut facilement compter des millions d'entrées.

Les décisions

Les différents acteurs de l'entreprise doivent faire face à des masses croissantes d'informations et de données, et surtout en tirer avantage de manière à prendre les meilleures décisions dans les délais les plus rapides possibles.
L'entreprise dispose d'informations de valeur inexploitées : les données sont disséminées, hétérogènes, coûteuses à trouver, peu accessibles.
Au surplus, les contenus non structurés – que nous sommes moins habitués à gérer en comparaison avec les bases de données relationnelles – deviennent prédominants (en quantité et souvent en qualité) par rapport aux données structurées.
Les sources de données non structurées sont extrêmement nombreuses et de formats variés : documents bureautiques, contenus multimédia et Webs, mails, groupes de discussion, données cartographiques [1], tickets de helpdesk...
Une approche complémentaire des données **structurées** (business intelligence [2]) et des contenus **non structurés** (knowledge management) devient impérative pour permettre aux entreprises d'organiser, d'analyser et de présenter des données et des informations permettant de prendre de meilleures décisions [3].

1. Une part de l'avenir du décisionnel se trouve dans les SIG (Système d'information géographique) soit pour donner des représentations graphiques à des données statistiques, soit pour analyser et traiter des données cartographiques.
2. On compte parmi ses ascendants les SIAD – Systèmes Informatiques d'Aide à la Décision des années 1970-1980 et les EIS – Executive Information Systems/Enterprise Information Systems.
3. Le concept de Corporate Performance Management (CPM) développé par le Gartner désigne « l'ensemble des méthodologies, mesures, processus et systèmes utilisés afin de contrôler et de manager les performances de l'entreprise » : automatisation des processus de planification, d'élaboration budgétaire, de reporting, suivi de la performance par rapport aux objectifs, détection rapide des actions à mener. On parle aussi de « management cockpit applications ».

Savoir et décider en temps réel

Les retours sur investissement sont conséquents, à savoir, outre la rentabilisation des systèmes d'information existants :

– des reportings moins coûteux et plus efficaces,
– de meilleures informations (par exemple, les opportunités de revenus manquées ou d'économies négligées [1]),
– des informations cruciales en temps réel (ainsi pour une entreprise de produits chimiques, les conséquences de l'interdiction d'un ingrédient sur la fabrication de certains produits),
– de meilleures informations sur les clients[2],
– un meilleur service au client permettant de lui donner accès aux chiffres qui le concernent…

Les architectures des solutions

L'architecture d'une solution de Business Intelligence permet, à partir de diverses sources :

– de collecter[3] au sein de repositories [4] les données pertinentes (en fonction d'axes d'analyse préétablis),
– de les nettoyer et de les valider,
– et de les restituer.

Les modes de restitution permettent de répondre à plusieurs types de questions :

---

1. « Data must provide answers, not more data » – Randy Mott, CIO Dell Computer.
2. C'est un des objectifs de la GRC décisionnelle.
3. Outils d'Extraction Transformation Loading.
4. Les datawarehouses d'entreprise ou les datamarts départementaux (jusqu'à 100 gigabytes) (dénommés infocentres dans les années 80).

– question simple (interrogation et fabrication de rapports[1]) : qui sont les dix meilleurs vendeurs ?

L'utilisateur sait ce qu'il souhaite comme informations.

– analyse multidimensionnelle[2] : quelles sont les ventes de tel produit par canal et localisation pour le mois de juin ?
– datamining (découverte) – que proposer aux clients qui n'achètent qu'une ligne de produit ?

Dans ce dernier cas, l'utilisateur ne sait pas ce qu'il cherche ou ce qu'il va trouver. Il dispose d'un outil qui recherche des corrélations, des tendances, et prédit des comportements.

L'interface utilisateur est un portail décisionnel présentant rapports, tableaux de bord, cubes OLAP et permettant la manipulation des outils.
L'architecture d'une solution de Knowledge Management fait appel en amont à des solutions de Gestion Électronique de Documents éprouvées, et à des technologies d'analyse[3] encore perfectibles, en attendant l'arrivée des agents intelligents.

Les veilles

Les veilles consistent à surveiller l'ensemble des domaines susceptibles de toucher l'entreprise et son avenir. Il existe donc de **multiples** formes de veille :

---

1. Query and reporting.
2. Les fameux cubes OLAP – On-Line Analytical Processing.
3. Clustering, taxonomie, classification, extraction d'informations, analyse de textes automatisées, détection de modèles, localisation d'expertise…

- concurrentielle (les concurrents actuels ou potentiels),
- commerciale (les fournisseurs, clients, partenaires),
- financière (notamment les fusions-acquisitions),
- organisationnelle (notamment les compétences),
- technologique (autour des brevets détenus, des métiers de l'entreprise, de ses produits et procédés, de son système d'information),
- environnementale (sur l'environnement légal, culturel, sociétal)

Globalement on parle de veille stratégique ou d'intelligence économique.
Avec plus de trois milliards de pages, et des outils de plus en plus développés (comme les agents intelligents), le Web est une source importante d'informations.
Trois axes structurent la veille :

- collecter l'information (qu'elle soit blanche, c'est-à-dire publique ou grise ou noire, donc plus ou moins secrète) ;
- analyser, avec l'aide de logiciels de traitement de l'information ;
- décider.

Les enjeux justifient parfois la constitution de cellules de veille conséquentes.

Chapitre 3

Impacter la stratégie de l'entreprise avec les nouvelles technologies

Face aux **évolutions technologiques** de plus en plus rapides qui interdisent d'évoluer en milieu stabilisé, la DSI doit être la conscience de l'entreprise et assurer une **veille** technologique permanente. Elle doit assumer une véritable fonction de « chef de progrès ».
Les nouvelles technologies exercent sur la stratégie de l'entreprise un impact d'abord quantitatif, et produisent une profusion de révolutions technologiques sous le signe du « moins cher, plus rapide, mieux, et plus simple ». La gestion des innovations devient au sein des entreprises une compétence à maîtriser.

1. Un impact d'abord quantitatif

L'ensemble des phénomènes quantitatifs que l'on constate ne peut manquer d'avoir un impact qualitatif sur les stratégies de l'entreprise et de son système d'information.
La production mondiale annuelle d'informations est estimée[1] à 3,5 milliards de gigaoctets cette année, sous forme numérique dans 93 % des cas. Elle s'accroît d'année en année.
Le **protocole IP (IPV4)** a une capacité de gestion de 4 milliards d'adresses Internet. Il est à l'heure actuelle en

1. University of California at Berkeley – A titre de comparaison, la mémoire d'un individu à un moment donné est estimée contenir 227 mégaoctets, selon Michel Lesker de la National Science Fundation en Virginie.

bout de course et doit être remplacé prochainement par le protocole IPV6.

On connaît la **loi de Moore** (1965) qui prévoit le doublement des performances des circuits intégrés tous les dix-huit mois[1]. En 1995, Gordon Moore[2] annonça que sa loi rencontrerait une limite physique (la taille des atomes) en 2017. À cette date, processeurs et mémoires seront 1 500 fois plus puissants qu'aujourd'hui.
Un ordinateur produit en 2000 tourne dix millions de fois plus vite qu'un ordinateur de 1960.

La loi de **Bob Metcalfe** (1980) permet d'apprécier la valeur d'un réseau (téléphone ou Internet). Elle est égale à $N^2 - N$.
Ainsi, si N = 100 personnes connectées, la valeur du réseau (le nombre de nœuds) est de 10 000 – 100 = 9 900.
Or, aujourd'hui, 500 millions d'êtres humains sont reliés par Internet. Dans 5 ans, ce chiffre sera d'un milliard.
David Reed (1999) s'est lui intéressé à la capacité de former de groupes au sein des réseaux[3]. N personnes connectées peuvent potentiellement former : 2 puissance N – (N – 1 groupes).
Ainsi un réseau de 100 personnes peut former un nombre de groupes égal à 1 267 650 600 228 229 401 496 703 205 275.
Dans une entreprise, le montant des données stockées double tous les neuf mois.
Les prévisions de croissance du nombre d'équipements informatiques tournent autour de 38 % par an : la plupart d'entre eux seront interconnectés par Internet.

Plus de serveurs, plus de composants, plus de transactions qui nécessitent des débits de plus en plus impor-

1. Prédiction presque réalisée : tous les 23 mois entre 1971 et 2001.
2. Cofondateur d'Intel.
3. Les GFN (Group-Forming Networks).

tants, de plus en plus d'échanges, de plus en plus d'accès. Comme chacun sait – pour des raisons politiques ou de business models des opérateurs – chacun est loin de bénéficier de l'ensemble des réseaux et accès suivants.

Réseaux et débits[1]

Téléphonie mobile	Réseaux locaux sans-fil	Lignes fixes
GSM data 9,6 kbit/s	BlueTooth 1 Mb/s	SDSL 2 Mbit/s
GPRS 2,5 G 54,4 kbit/s	Fast Infrared 4 Mb/s	ADSL 8 Mbit/s
UMTS 3G 2 Mbit/s	WiFi 11 Mb/s 802.11b	CPL 14 Mbit/s
WCDMA 4G 10 Mb/s	802.11 a 54 Mb/s 802.11g	LAN fibre optique 1 Gb/s

L'impact du haut débit sur les comportements des internautes doit être souligné : on compte 44 % d'acheteurs parmi les internautes connectés à haut débit, contre 31 % parmi l'ensemble des internautes.

2. Une profusion de révolutions

Elles vont dans le sens du moins cher, du plus rapide, du meilleur, du plus simple.

Moins cher

Les gains apportés par l'omniprésence des réseaux et d'Internet (le tout IP) sont nombreux : baisse du coût des transactions, proximité de l'information pour les petites entreprises, gains de productivité due à l'automatisation

1. Chiffres indiqués : débits maximaux théoriques descendants – en italique protocoles wireless.

des processus administratifs, économies de communication grâce à la téléphonie sur IP [1]...

Plus rapide

L'utilisation des nouvelles technologies se traduit de plus en plus par une plus grande rapidité.
Les messageries instantanées permettent un support en temps réel, des prises de décision plus rapide. Les étiquettes radiofréquences permettent un suivi instantané des produits ou des unités logistiques. Les ERMs – E-mail response systems permettent d'analyser les e-mails entrants, d'y répondre automatiquement ou de les transmettre à des interlocuteurs pertinents. Le just-in-time e-learning veut intervenir au bon moment, de manière à se dérouler plus rapidement et apporter une formation plus en phase avec le contexte professionnel.
Cette rapidité peut être due à la disparition des distances géographiques : on sera de plus en plus connecté tout le temps et partout[2], avec des environnements de plus en plus immersifs pour les interlocuteurs[3]. Les opérateurs de technologies sans-fil offriront un débit confortable et une connexion permanente entraînant de nouveaux comportements de la part des internautes : mobilité poussée, télétravail...
On parle donc d'entreprise en temps réel[4].

Créer un système d'information en temps réel

Mieux

Obligation de répondre en temps réel aux clients, nécessité d'adapter rapidement les processus aux changements du

1. Voice On IP, Visio Conference On IP.
2. Les outils sont déjà bien connus : PDAs, smartphones, clients non ordinateurs (voitures, équipements domestiques...).
3. Ce que permettront IPV6 et Internet 2 dans quelques années.
4. RTE – real-time enterprise.

marché ou des réglementations, l'entreprise et son système d'information doivent aujourd'hui être agiles et les nouvelles technologies permettent cette réactivité, y compris dans les grandes entreprises et les grandes organisations.
D'autres technologies permettent une **personnalisation** massive des relations clients ou une meilleure collaboration : partage des connaissances et des expertises, création de communautés…

Plus simple

De manière générale, les systèmes d'information sont en train d'évoluer du concept « the bigger the better » à celui du « keep it simple ». Les architectures se veulent modulaires et non plus fondées sur des applications intégrées [1].
Autre exemple d'évolution vers plus de simplicité : les interfaces sont maintenant toujours graphiques y compris sur les mobiles.

3. Une nécessité : savoir gérer les innovations

Apprendre à gérer les innovations au profit de l'entreprise

L'appréhension de l'innovation par l'entreprise est délicate. Les investissements peuvent se faire ou à mauvais escient, ou trop tôt.
Le **cycle de vie d'une innovation** ou d'un concept innovant comprend plusieurs phases : elle apparaît [2], elle est adoptée par quelques pionniers [3], elle se généralise [4], elle devient d'usage obligatoire (au regard des pratiques des

1. The big three-letter applications suites : ERP, CRM…
2. L'utility computing, le grid computing.
3. Les étiquettes radiofréquences.
4. La messagerie instantanée.

concurrents ou du secteur d'activité)[1], elle est en phase de déclin (ou change fortement de nature)[2].
Encore la vitesse à laquelle sont franchies ces étapes est-elle variable. Certaines innovations parcourant d'ailleurs rapidement le chemin qui mène de l'émergence à la disparition.
Il peut y avoir des freins technologiques à la diffusion d'une innovation. Elle n'est pas mature : absence de compatibilité avec les systèmes existants, manque de standard, problèmes de sécurité…
Les freins peuvent également être financiers (absence de preuve de retour sur investissement) ou psychologique (complexité, mode…).
Lorsque la masse critique est atteinte, la généralisation peut être assez rapide.

1. La messagerie d'entreprise.
2. Les ERP.

Chapitre 4

Intégrer les systèmes d'information

L'intégration est pour les entreprises à la fois une importante problématique, et une chance offerte par les nouvelles technologiques de pouvoir construire sur l'héritage existant. Cependant, à l'intégration des données, ou à celle des applications, il faut aujourd'hui préférer l'intégration par les process d'entreprise.

1. L'intégration interne et externe

Les problématiques de l'intégration **interne** du système d'information prennent leur source dans le constat simple de son hétérogénéité, de l'empilement de sous-systèmes à logiques propres, auquel s'ajoute souvent leur dispersion géographique. On est face à des silos qui matérialisent le cloisonnement des applications en fonction des clivages fonctionnels, et des ressources en fonction des applications.
Le core business technologique de l'entreprise est donc d'intégrer et de garantir une cohérence globale – et non de développer[1]. Il ne s'agit pas de faire en plus ou de remplacer le legacy system, mais d'instaurer un mode d'intégration.

Développer un système d'information sans silos et sans frontières

Les objectifs sont :

– un meilleur partage d'information, une meilleure collaboration,

1. Linking rather than coding.

– la mise en place d'une architecture d'intégration facilitant une stratégie de croissance externe, de rachats et de fusions.

En **externe**, l'entreprise étendue est par définition un monde de systèmes et technologies hétérogènes qu'il faut fédérer. Ce n'est pas une entreprise qui produit un bien ou un service mais une chaîne de valeur intégrée. Des architectures monolithiques, focalisées sur l'intérieur de l'entreprise sont sans valeur désormais. L'accent s'est donc porté sur l'intégration inter-entreprises [1].
Le périmètre de l'entreprise ayant changé et s'étendant désormais à grand nombre de ses processus de production ou de ses processus d'affaire et à l'ensemble de son système d'information et de ses utilisateurs (aux statuts divers), il faut bien concevoir que la distinction entre intégration interne à l'entreprise et l'intégration des flux inter-organisationnels n'a plus guère de sens. C'est sur cette base que l'on distinguait naguère les architectures d'intégration EAI (Enterprise Application Integration) et e-business.
L'entreprise est étendue, ainsi doit être conçu également le système d'information, à la fois unique et ouvert de manière adaptée aux divers partenaires internes et externes de l'entreprise, par exemple par l'intermédiaire d'un portail à plusieurs faces : site Web, extranets dédiés et intranet d'entreprise [2].

Plusieurs points **délicats** sont à souligner.
Les problématiques d'intégration sont complexes. Elles font intervenir connecteurs, serveurs d'applications, portails d'assemblage et de présentation…

1. « In the long run, the revolutionary impact of the Internet will be in dissolving boundaries between companies » Michael Hammer.
2. Un exemple : la possibilité d'aller voir dans le système d'information de son client si une facture a été approuvée, de manière à savoir quand le règlement sera effectué et comment ajuster sa propre gestion de trésorerie.

En conséquence, le coût d'une forte intégration (processus, données, systèmes) entre deux entreprises est élevé. De plus, l'agilité est désormais une exigence absolue. L'intégration entre partenaires doit évoluer rapidement en fonction de processus métiers changeants et de flux d'information reconfigurés.
L'évolution des solutions fait que les modèles suivants ne sont pas purs

2. L'intégration des données

Les logiciels d'ETL (Extraction – Transformation – Loading) permettent d'extraire, de transformer et de charger des données au sein d'entrepôts de données[1]. Ils sont dépourvus de règles de routage complexes, mais sont utiles pour les très gros volumes en opérant en batch nocturne.

3. L'intégration des applications

L'intégration d'applications point à point

Dans ce schéma, les applications se parlent en face à face via des interfaces qui doivent être paramétrées et maintenues une à une. La complexité aboutit à ce qu'on appelle familièrement un « plat de spaghettis » difficilement maintenable.

L'EAI

Si l'EAI désigne une démarche, la « plate-forme-EAI » désigne un logiciel qui prend en charge le dialogue, **les flux** inter-applications.

1. Mais en temps non réel.

Elle permet de faire parler entre elles des applications[1] qui n'ont pas été conçues pour cela à l'origine en assumant quatre types de fonctions :

- le routage et la transformation, par un serveur d'intégration,
- les connecteurs,
- le transport grâce à un middleware orienté messages (MOM).

Ainsi, une plate-forme d'EAI peut mettre l'accent, soit sur les données (centralisation technique des interfaces inter-applicatives comme les API), soit sur les flux, les workflows, les procédures, avec une réelle collaboration, dynamique, « intelligente » entre les applications (génération automatique de processus). En revanche, l'intégration d'applications ne se préoccupe pas de la flexibilité et de la capacité de réponse à l'environnement.

Deux architectures : l'architecture « Network Centric » (type Seebeyond, Sun ou Tibco) dont la distribution répartit les charges – et le modèle « Hub and spoke » (WebMethods, BEA...) dont l'architecture centralisée facilite l'administration.

4. Les ESB[2]

L'apparition des logiciels Bus de Services d'Entreprise offre une voie prometteuse d'intégration d'applications et de développement d'architectures SOA[3] sur la base de Web services, de spécifications standard SOAP, JMS,

---

1. On parle de messagerie interapplicative.
2. Enterprise Service Bus.
3. Service Oriented Architecture, née avec des approches comme CORBA ou DCE – Distributed Computing Environment.

XML, et de technologies classiques de MOM, de routage et de transformation.
Dans cette optique, les applications et composants applicatifs sont invoqués comme de simples services.

5. L'intégration packagée – l'exemple des ERP

Au début des années 1990, les ERP proposent de remplacer tous les systèmes d'information existants (notamment les outils de planification MRP) par un seul système intégré. Les ERP sont d'immenses logiciels modulaires qui intègrent toutes les fonctions administratives de l'entreprise[1] en un seul ensemble homogène : tout traitement effectué par l'un des modules est automatiquement répercuté sur les autres. Ils possèdent une base de données unique centralisée.

L'ERP impose sa propre conception de l'entreprise : les processus doivent être réingénierés et standardisés pour les adapter au logiciel. Le problème se reproduit lors d'une acquisition d'entreprise. La mise en œuvre est donc longue et coûteuse et la plupart des ERP sont surdimensionnés pour les PME[2].

Par ailleurs, ils gèrent difficilement l'évolution des applications reposant sur des processus segmentés entre divers **départements** et ne répondent pas au cahier des charges d'une véritable intégration au niveau des process.

L'intégration B2B pose également des problèmes comme c'est le cas pour d'autres applications packagées : CRM, SCM…

1. Gestion comptable et financière, gestion de production, gestion commerciale…
2. SAP, Oracle, Peoplesoft.

Cependant, les éditeurs ont fait évoluer les ERP de manière à prendre en compte des problématiques plus « métier» ou transversales (SCM, CRM), à faciliter l'intégration avec l'ensemble du système d'information, à adapter les produits aux PME.

6. L'intégration e-business

En attaquant les couches métier, elle combine les outils d'EAI, les workflows, l'intégration de composants applicatifs et élargit la problématique d'intégration aux échanges interentreprises.

Les échanges interentreprises

À l'heure actuelle coexistent deux systèmes d'échange interentreprises :
– les réseaux à valeur ajoutée (EVA) et le format d'échanges EDI[1],
– le réseau Internet et le format standard XML[2].

On peut proposer le tableau comparatif ci-contre.

Les systèmes d'information sont passés d'une priorité « back-office » à une priorité « front-office ». Si cela représente une valeur ajoutée pour l'entreprise, il faut migrer les flux EDI en XML.

Dans d'autres cas, l'entreprise devra supporter pendant « un certain temps » une coexistence des deux modes d'échange.

1. Échange de données informatisées.
2. eXtended Markup Language.

Comparaison EDI et XML

EDI	XML
Avantages	
Performance pour les gros volumes Obligatoire pour les relations avec les grandes entreprises dans certains secteurs comme l'automobile Encore largement majoritaire	Facilité de mise en œuvre Souplesse Coût faible (réseau Internet) Synchrone, partage de données en temps réel, collaboratif Riche en informations complexes (catalogues) Permet la distribution sur différents canaux Internet : WebTV, voix, fax... Adapté aux PME Standard international
Inconvénients	
Lourdeur de mise en œuvre Rigidité Coût élevé Réservé aux grandes entreprises[1] Mode asynchrone Limité en information Réservé aux commandes et transactions simples Standards différents France/États-Unis	Progrès attendus grâce à des vocabulaires horizontaux (EIDE – Échange d'Information et de Documents Électroniques), ebXML (e-business XML) ou verticaux (chimie, transactions interbancaires...)

Un des phénomènes les plus marquants touchant aux systèmes d'information – au regard d'une époque révolue où chaque éditeur ou constructeur croyait aux vertus de sa solution propriétaire – est la diffusion et l'adoption massive des **standards**, qu'il s'agisse d'outils ou de langages.
Ce succès est dû au fait que les systèmes d'information sont aujourd'hui ouverts et qu'il faut donc répondre à des

1. Le Web EDI est une démocratisation de l'EDI.

objectifs d'intégration notamment interentreprises, que les standards sont par définition **portables** et déployables quelle que soit la plate-forme technique et que les organisations nationales ou internationales qui développent ces standards reçoivent l'appui de la grande majorité des partenaires concernés.
On citera parmi les principaux standards sans lesquels les échanges électroniques ne seraient pas possibles :

Les principaux standards

OS	Linux
Protocoles de communication	HTTP, HTML, XML
Plate-forme d'échanges	Java, J2EE,.NET, Webservices
Modélisation	UML
Business Process Management	BPEL4WS, BPML
Sécurité	SSL, IpSec
Sécurisation des échanges	PKI, ICP
Annuaire	LDAP

L'intégration de composants applicatifs

Le besoin logiciel en composants applicatifs modulaires devient plus fort que celui de progiciels « universels ». Le Web permet une intégration à l'échelle du réseau des réseaux, dans le respect des standards du W3C[1].
L'entreprise n'achète que certaines **fonctions** d'un logiciel. Des partenaires peuvent participer au développement d'une même application, créer ensemble une offre globale, telle une place de marché.
L'utilisateur, lui, ne voit qu'une seule application.

1. World Wide Web Consortium.

Les Webservices

Les Web services constituent un ensemble de nouveaux standards qui rend l'intégration d'applications et de données par le Web beaucoup plus facile. Ils permettent de découvrir et d'utiliser sur le Web des business process mis au point et exécutés par d'autre. Ils peuvent être assemblés – grâce à Internet et à HTTP – pour constituer une nouvelle application.
Un ensemble d'**annuaires** au standard UDDI[1] permet de rechercher les composants applicatifs désirés.
Les **fonctions** des services Web, leurs composants, leurs méthodes sont exposés à l'aide d'un format standard[2] XML.
Un autre standard W3C assure les **échanges** : le SOAP, Simple Object Access Protocol…
Les Webservices ne se limitent pas à des échanges entre machines. Une spécification permet de les intégrer au sein d'un **portail** Web[3].

Le Grid Computing

Dans le cas du Grid Computing, il s'agit d'un échange direct de puissances de calcul[4], de ressources entre machines connectées.
Les offres services, logiciels et matériels se mettent peu à peu en place pour offrir aux entreprises la possibilité d'exploiter la puissance inutilisée des ordinateurs au sein d'un réseau.
Un regroupement de grands acteurs (IBM, Microsoft, HP) et d'éditeurs spécialisés permet de mettre en place le standard Open Grid Services Architecture (OGSA).

---

1. Universal Description, Discovery and Integration.
2. Le Web Services Description Language – WSDL.
3. WSUI – Web Services User Interface.
4. On parle de calcul distribué.

Les applications concernent tous les domaines à besoin en forte puissance de calcul : recherche scientifique, gestion des risques, analyse de données marketing…

7. L'intégration des processus [1]

Le choix qui se pose aujourd'hui quand aux modes d'intégration est le suivant :

- refondre le système d'information sur une plate-forme unique, ce qui est lourd,
- choisir une plate-forme hétérogène [2] et cohérente, c'est-à-dire spécialiser les applications existantes sur leur fonction métier et assurer la gestion d'ensemble (EAI et référentiels communs),
- mettre en œuvre une approche par les business process [3].

Cette troisième approche est porteuse de forts gains de productivité mais nécessite une implication importante des maîtrises d'ouvrage.

Optimiser et intégrer les business process, nouveau gisement de productivité

Un processus est une fonction, ou un ensemble de fonctions organisées en étapes, qui mettent en jeu plusieurs personnes et plusieurs systèmes autour d'activités de manipulation d'informations, de gestion, de coordination, d'automatisation de tâches et de prises de décisions, de manière à produire de la valeur pour l'entreprise.

Les « **participants** » à un business process sont donc, outre des individus ; des données, des applications, des échanges, des systèmes d'information, des partenaires…

---

1. Business Integration.
2. Par exemple avec une stratégie Best-of-breed de sélection de composants logiciels pour leurs performances propres sensées être les meilleures.
3. « Process-centric ».

On distingue :

– les processus d'activité, tels les processus de production, qui sont en contact physique avec le produit ou le service livré,
– et les processus d'affaires, qui supportent les processus de production. Par exemple ; une prise de commande, la facturation d'un client, la gestion d'un stock de pièces de rechange…

Les processus d'entreprise, notamment les processus administratifs ont trois caractéristiques. Ils sont complexes, imbriqués dans des applications logicielles et impossibles à modifier sans conséquence pour les logiciels ou les architectures informatiques et sans intervention des services informatiques.
Trop souvent, les entreprises comprennent ou contrôlent mal ces processus. Le management a peut-être une idée de ce que serait un processus idéal mais la réalité est différente ; erreurs, failles, redondances, inefficience.
Les déficiences tiennent moins au travail de chacune des parties prenantes au processus qu'au manque de coordination pour obtenir un résultat appréciable par le client.

Le **Business Process Management** (BPM) a pour objectif d'automatiser rapidement les procédures d'entreprise mais également de les modifier et de les optimiser facilement au fil du temps, en fonction de la volatilité de l'environnement. Il doit améliorer « l'agilité des process », permettre la créativité, l'amélioration permanente sans la contrainte des logiciels.
Les entreprises ont, avant le BPM, créé des systèmes divers de gestion des processus, à base de gestion documentaire, de workflows, d'automations diverses.

Aujourd'hui, le BPM est facilité par le fait que les technologies sont matures et sont intimement liées aux process : concevoir et déployer les process sont une seule et même chose. La technologie n'est plus quelque chose qui se rajoute au process.
Le BPM met les propriétaires de processus, les opérationnels, en charge de définir, de manager, d'améliorer les process – et en agissant ainsi, ils implémentent réellement ces process. La complexité technologique leur est cachée. Le décideur, le business analyst, est isolé des complexités informatiques.
La tâche du BPM paraît immense devant le nombre et la complexité des processus, d'autant que le gain stratégique est plus important lorsqu'il s'agit d'harmoniser et d'optimiser des processus au plus large niveau, au niveau mondial par exemple.
Mais l'intérêt de s'attaquer à ces processus, c'est justement qu'ils représentent un océan de gains et d'économies[1].
Les retours sur investissements sont nombreux. L'analyse des processus, leur automatisation, l'importation des best practices en la matière permettent une amélioration des processus. Ceux-ci sont plus flexibles et l'entreprise plus agile. La productivité est meilleure ; le management des procédures, leur exécution, leur modification sont facilités. L'utilisation des ressources humaines est optimisée.
De plus, le recours au BPM est cohérent avec une approche qualité ISO 9000-2000 ou SixSigma.

Les facteurs clés de succès du BPM sont les suivants :

- prendre la décision au plus haut niveau,
- dire la vérité sur les opportunités, mais aussi sur les risques encourus,

---

1. Business Process Management, The third Wave – Howard Smith, Peter Fingar – Meghan-Kiffer Press – décembre 2002.

– comprendre vraiment l'entreprise, son cœur de métier, sa stratégie,
– obtenir l'adhésion et la participation de tous,
– gérer le changement et les résistances.

Méthodologie

Trois grandes étapes doivent être abordées : la description et l'analyse des processus, leur optimisation, leur surveillance.

Description et analyse des processus [1]

• Les processus

Le rôle des « business analysts », des experts métiers, est d'abord de décrire les flux tels qu'ils sont :

– à quoi sert le processus ;
– quelle est son étendue ;
– quels sont les inputs, outputs, flux ;
– quelles sont les attentes, les exigences attachées au processus ;
– quels sont les propriétaires des processus et leurs responsabilités ;
– quels sont les métriques du process : coût, temps passé…

À la description, s'adjoint la modélisation[2] dont le langage clé est l'ULM (Unified Modeling Language) largement adopté – et en cours de complétion, notamment

1. Business Process Description – Business Process Analyse.
2. BPM – Business Process Modeling.

pour ce qui concerne les contraintes de temps réel (informatique embarquée).

• Les règles

Les règles de gestion[1] sont un véritable capital pour l'entreprise. Elles édictent comment doivent être menées des activités d'affaires. Elles doivent être respectées à la fois par les acteurs de l'entreprise et par les applications (ERP, workflows…).
Elles spécifient les actions à mener sur la base des pratiques, des normes, des procédures… de l'entreprise concernée : il peut s'agir de règles de calcul, de contraintes logiques, de règles physiques, d'événements déclencheurs. Ensemble elles constituent la **logique d'affaires** propre à l'entreprise.
Elles peuvent être obtenues auprès d'acteurs de l'entreprise, dans des documents comme les manuels de procédures, ou au cœur des logiciels, applications patrimoniales, bases de données…

L'automatisation des règles est possible grâce aux technologies :

– de « business rule **repositories** » qui permettent la centralisation des règles, leur accessibilité par les systèmes d'information et la modification des règles (en un seul point) sans modification de l'architecture ou des applications ;
– et de « business rule **engines** » qui permettent de recueillir les règles (notamment grâce à un mining automatique pour découvrir les règles dans les codes

1. Ou règles d'entreprise, business rules.

des applications patrimoniales), de les analyser, de les automatiser, de les utiliser pour optimiser les processus.

L'optimisation des processus[1]

Le rôle des « business analysts » est ensuite de construire les process tels qu'ils devraient être, de décrire des processus cibles ; par grandes familles de processus (améliorer, supporter, manager) puis par processus de plus en plus fins.
Il s'agit donc d'optimiser les processus de manière à ce qu'ils acquièrent une efficacité « interne » (dans leur fonctionnement propre) mais aussi externe au regard des objectifs que se fixe l'entreprise.

La surveillance des processus[2]

La surveillance est permise au travers d'une console graphique qui représente les processus et les métriques associées ; temps de traitement pour chaque processus, temps de réponse, productivité par salarié…
Elle offre la possibilité d'une gestion intelligente des événements et d'une optimisation des processus en temps réel.

Solutions logicielles[3]

Les logiciels de BPM commencent à se répandre dans des cercles larges : le Business Process Management

1. Business Process Optimization.
2. Business Process Monitoring – Business Activity Monitoring.
3. BPMS – Business Process Management Systems.

Group[1] compte aujourd'hui plus de 2000 utilisateurs dans le monde.
Le logiciel de BPM comprend :

- un outil de modélisation et de simulation du process ; celui-ci doit être rapide et permettre aux utilisateurs de se focaliser sur la manière d'améliorer les process plutôt que de se focaliser sur des problèmes logiciels ;
- un moteur de run-time pour exécuter et surveiller les process ;
- un environnement de développement avec des connecteurs pour les applications métiers.

Beaucoup d'éditeurs s'intéressent aujourd'hui au BPM, de toutes catégories (éditeurs de workflow orientés utilisateurs, éditeurs de middleware ou d'ERP...). Certains créent de réels produits, d'autres revampent des solutions existantes.
Les standards[2] sont en cours d'élaboration autour de XML, BPEL4WS[3] et BPML[4].

---

1. www.bpmg.org.
2. Business Collaboration Protocols.
3. Business Process Execution Language for Web Services.
4. Business Process Management Language.

Chapitre 5

Donner de nouvelles missions aux directions des systèmes d'information

Les compétences exigées du DSI reflètent les exigences de sa mission qui est aujourd'hui **complexe** et stratégique : compétences technologiques, capacité à nourrir un dialogue stratégique avec les comités exécutifs ou les comités de direction, aptitude au dialogue avec les directions opérationnelles.

1. Les compétences technologiques

De manière évidente, le DSI, sans devoir ni pouvoir être un spécialiste de tous les domaines, doit avoir les compétences suffisantes pour :

- comprendre les impacts des évolutions technologiques sur l'entreprise, ses métiers et sa stratégie,
- se focaliser sur les qualités de l'infrastructure du système d'information : disponibilité, fiabilité, interopérabilité, évolutivité, sécurité.

Il entre dans son rôle de piloter la **veille** technologique dans le domaine des systèmes d'information.
Le DSI doit être capable de gérer une architecture fonctionnelle complexe et souvent de bâtir à l'international. Il est utilement assisté dans cette tâche par un ASI (architecte du système d'information) [1].

1. Ou urbaniste du SI.

2. Le dialogue stratégique avec la direction générale

Les trois quarts des DSI américains considèrent que leur direction générale ne leur fait pas confiance pour émettre des conseils stratégiques [1].

Le constat est que l'importance des systèmes d'information n'est pas correctement appréciée par les directions générales et les autres entités fonctionnelles de l'entreprise. Le rôle du DSI est de changer cette appréciation[2].

Le DSI doit avoir une **vision d'entreprise** plus qu'une vision de direction informatique. Il doit comprendre les objectifs stratégiques de l'entreprise et avoir une vision claire du poids du système d'information dans la compétitivité de l'entreprise.

De même, le DSI doit avoir du système d'information une vision globale et dynamique, stratégique et cohérente. Il doit savoir lier l'ensemble des approches métiers et transversales.

Priorités

Il doit éviter de se focaliser sur des missions qui ne sont pas créatrices de valeur ajoutée pour l'entreprise.

Il doit être capable de prendre en main la déclinaison opérationnelle de la stratégie.

Communication

Le DSI doit :

- assumer une fonction d'expertise en stratégie du système d'information auprès de la DG : c'est une force de **proposition** ;

---

1. cabinet John J. Davis & Associates (voir également, pour la France, le rapport Cigref-McKinsey's sur le site www.cigref.fr).
2. Un événement important comme une opération de fusion-acquisition peut l'aider dans cette tâche.

– donner une **vision** claire des services et de la valeur ajoutée apportée par le système d'information au management et à la direction de l'entreprise ;
– savoir présenter les conséquences des **changements** importants apportés au système d'informations, comme l'implantation d'un ERP.

Il doit maîtriser le vocabulaire de la communication financière[1].

Compétences managériales

Le DSI doit posséder les compétences de management nécessaires dans son rôle de gestionnaire de ressources humaines et les capacités pour contrôler les risques sur les grands projets : délais, dépassements de budget...

Associer les DSI aux comités de direction

La participation au comité de direction

40 % des entreprises du CAC 40 font siéger leur directeur des systèmes d'information dans leurs instances dirigeantes ; comité exécutif ou comité de direction[2].
Ce sont les entreprises du secteur de la banque et de l'assurance qui accueillent le plus volontiers les DSI dans ces instances.
Cette politique semble hautement recommandable :

– elle reconnaît le rôle fondamental des technologies de l'information, et rend visible ce rôle,
– le DSI accède ainsi aux échanges concernant la vie de l'entreprise et ses évolutions ; il a une meilleure lecture de ses orientations,

1. Combien ça coûte ? combien ça rapporte ? quand est-ce que ce sera opérationnel ?
2. Étude Accenture réalisée en février et mars 2002.

- il acquiert une meilleure connaissance personnelle des membres du comité de direction,
- il est mieux placé pour faire comprendre les enjeux du système d'information,
- il est lui-même impliqué dans la définition de la stratégie de l'entreprise.

La gouvernance du Système d'Information

Principes

La gouvernance du système d'information a pour objectif de définir les méthodes, la documentation, les modes de gestion pour que le système d'information :

- soit aligné avec la stratégie de l'entreprise et réalise les bénéfices prévus,
- permette à l'entreprise d'exploiter les opportunités qui se présentent à elle,
- soit géré de manière responsable, y compris pour les risques qui lui sont associés.

Elle répond donc par exemple aux questions :

- qui contrôle les budgets ?
- comment se gère le portefeuille de projets ?
- qui donne la priorité aux projets ?
- quel est le processus d'investissement informatique ?

Un tableau de bord du Système d'information doit être suffisamment complet pour appréhender l'ensemble de la problématique du système d'information et ne pas se focaliser uniquement sur les aspects techniques ou financiers. Ce doit être une véritable « balanced scorecard ». Celle-ci aide à relier le système d'information à la stratégie, à

surveiller les niveaux de services tout en réduisant les dépenses. D'autre part, elle est un outil de pilotage du système d'information.
Les points clés d'une bonne balanced scorecard sont :

- la simplicité de présentation,
- la liaison explicite avec la stratégie du système d'information,
- la participation de la direction générale.

Elle peut mettre en évidence de nombreux critères de performance : finances, gestion de projet, gestion des ressources, satisfaction des clients, sécurité, alignement sur la stratégie et les initiatives métiers de l'entreprise…

Le modèle ITIL

Mettre en œuvre une gouvernance du système d'information

Le modèle de gouvernance ITIL[1] a été élaboré par l'autorité gouvernementale des technologies de l'information et des télécommunications du gouvernement britannique. Il définit un ensemble de pratiques dans 24 domaines.
Procter & Gamble a choisi le modèle ITIL en 1997 et estime avoir économisé plus de 500 millions de dollars en quatre ans.

Le modèle COBIT

Le modèle CobiT [2], méthode de gouvernance éditée par l'ISACA[3] (Information System Audit & Control Association) décompose tout système informatique en 4 domaines qui couvrent 34 processus.

1. IT Infrastructure Library – www.itil.co.uk.
2. Control Objectives for Business & Related Technology.
3. www.isaca.org.

Le modèle CobiT

Planification et organisation	**Couvre la stratégie et les tactiques et concerne l'identification des moyens permettant à l'informatique de contribuer le plus efficacement à la réalisation des objectifs commerciaux de l'entreprise.** Définir le plan stratégique informatique Définir l'architecture des informations Définir la direction technologique Organiser le département/service informatique Gérer les investissements Communiquer les objectifs de la direction GRH Assurer le respect des exigences légales Evaluer les risques Gérer les projets Gérer la qualité
Acquisition et installation	**Concerne la réalisation de la stratégie informatique, l'identification, l'acquisition, le développement et l'installation des solutions informatiques et leur intégration dans les processus commerciaux.** Identifier les solutions automatiques Acquérir et maintenir les applications informatiques Acquérir et maintenir l'infrastructure technologique Développer et maintenir les procédures Installer et certifier les systèmes Gérer les changements
Livraison et support	**Concerne la livraison des prestations informatiques exigées, ce qui comprend l'exploitation, la sécurité, les plans d'urgence et la formation.** Définir les niveaux de service Gérer les services de tiers (SLA) Gérer les performances et les capacités Assurer la poursuite des traitements Assurer la sécurité des systèmes Identifier et attribuer les coûts

	Former les utilisateurs Assister les utilisateurs (Help Desk) Gérer la configuration Gérer les données/applications Assurer la sécurité physique Gérer l'exploitation
Monitoring	**Permet au management d'évaluer la qualité et la conformité des processus informatiques aux exigences de contrôle.** Monitoring des processus Appréciation du contrôle interne Certification par un organe indépendant Audit par un organe indépendant

L'organisation de la DSI

La DSI peut être centralisée ou subsidiaire – et dans ce cas accorder une large autonomie aux différentes directions informatiques par filiale ou par métier. Tout dépend de la taille de l'entreprise et des choix d'organisation qui lui sont propres.
En revanche, des éléments de cohérence doivent être affirmés :

– en matière de choix technologiques : standards d'infrastructure, messagerie, adressage IP, annuaires, sécurité…
– en ce qui concerne les modalités de pilotage, en cohérence avec les principes de gouvernance : comités informatiques, comité stratégique informatique…

Les points de préoccupation en matière de **personnel** restent le recrutement, le maintien du turn-over à un niveau bas, et la formation.
On se reportera utilement à la nomenclature des « emplois-métiers du système d'information » établie

depuis 1991 par le Cigref et adoptée par un nombre croissant d'entreprises et de cabinets de conseil.
Elle recense[1] trente et une fonctions informatiques réparties dans quatre « groupes fonctionnels d'emplois-métiers » :

- gestion et évolution du système d'information de l'entreprise,
- conseil et expertise,
- conduite des projets,
- administration et exploitation (incluant aussi la sécurité du système d'information installé).

3. DSI et maîtrise d'ouvrage

Le rôle de la DSI

Selon une étude ClarITeam – IDC[2], les objectifs business semblent mal compris par les DSI.
Connaître l'entreprise et ses métiers, comprendre l'impact d'une évolution du métier de l'entreprise sur les outils informatiques facilite le dialogue qui est nécessaire entre la DSI et les directions opérationnelles.
Le « **lobbying** » des directions opérationnelles est presque aussi important pour le DSI que sa participation au comité de direction. Le DSI doit parler un langage convaincant et compréhensible par les autres managers, détenteurs des budgets.
Il doit faire passer le message de la vision globale du système d'information alignée sur la stratégie de l'entreprise et en contradiction avec des stratégies de divisions

1. Nomenclature 2002.
2. Enquête réalisée fin 2000 auprès de 320 directeurs européens exerçant en majorité dans des sociétés de plus de 2000 salariés.

d'entreprises[1] qui[2] visent uniquement à accroître leur effectif ou leur budget.
Le DSI se doit de connaître le fonctionnement et les usages de tous les métiers de l'entreprise afin de fournir aux directions opérationnelles ce qu'elles demandent aujourd'hui – vu la complexité des systèmes d'information : des recommandations claires.
La maîtrise d'ouvrage déléguée en France[3], les Business Technologists aux États-Unis ont pour rôle d'aider les utilisateurs à exprimer leurs besoins en leur apportant les connaissances techniques nécessaires.

Celles-ci portent sur :

- la stratégie arrêtée pour le système d'information,
- les impératifs en termes de coûts d'opportunité (coûts, niveaux de services, retours sur investissement),
- les trends technologiques et leurs impacts métiers (On trouve ainsi chez Bouygues un « e-lab » qui aide les entreprises du groupe à réfléchir sur les potentialités e-business de leur secteur).

La DSI joue alors un rôle multiple :

- de **contrôle** dans le cadre d'une autonomie des diverses unités de l'entreprise qui ont à leur niveau une plus grande réactivité par rapport au marché ;
- de **mobilisation** et d'incitation dans les cas où manqueraient les réflexions appropriées ;
- de **prescription** de manière à rationaliser techniquement et budgétairement les choix technologiques ;
- de **conseil** focalisé sur les besoins des « clients internes » ;

1. Les baronnies.
2. Parfois.
3. Une équipe d'experts de la DSI, ou extérieure à l'entreprise.

– de **coordination** dans la mesure où de nombreuses problématiques sont aujourd'hui transversales (SCM, CRM, portail d'entreprise…) et vont donc demander la collaboration d'équipes transversales.

La conception stratégique du système d'information a des impacts multiples sur les relations entre les DSI et les directions opérationnelles, la maîtrise d'ouvrage. Il s'agit d'aller au-delà de la relation client-fournisseur (basée sur la rédaction des cahiers des charges). Leur collaboration, leur coopération est essentielle.
Cette conception rend peu cohérente une approche DSI « prestataire de service comme un autre » qui permettrait aux directions opérationnelles de la mettre en concurrence avec d'autres prestataires du marché. La DSI n'est pas un fournisseur de services mais un partenaire qui contribue activement à la stratégie de l'entreprise.
La mise en catalogue de l'offre de la fonction informatique – produits et services – nous paraît ne devoir s'inscrire qu'en complément de cette approche, notamment dans une optique « préparatoire » à l'outsourcing des prestations concernées.

La maîtrise d'ouvrage et les projets

La maîtrise d'ouvrage – chef de projet fonctionnel – doit être associée aux différentes étapes d'un projet :

– les études d'opportunité et de rapport coût/fonctionnalités demandées (« conjoint testing »),
– la conception, la rédaction du cahier des charges et des spécifications fonctionnelles métiers [1],

1. La méthode JAD (Joint Application Design) vise à favoriser le dialogue entre DSI et utilisateurs dans le cadre d'une analyse fonctionnelle.

– la recette,
– la conduite du changement, la formation des utilisateurs, la communication interne sur l'avancement du projet,
– les suivis de performance, études de satisfaction,
– la vie et l'animation de composants du système d'information (rôle des content managers).

La maîtrise d'ouvrage doit de plus en plus s'attendre à **changer** ce qui existe, notamment dans le cadre de projets de BPM.

4. La facturation aux utilisateurs

La facturation des prestations de la DSI aux services clients nous paraît aboutir – sauf cas isolés ; locations de PC, coûts de télécommunications… – à une augmentation des coûts mais aussi à un mauvais management stratégique du système d'information.
Facturer ses services (temps d'utilisation des serveurs, capacités de stockage…) aux utilisateurs permet aux DSI – généralement dans les entreprises importantes – de faire prendre conscience à l'entreprise, direction générale et business units, qu'elle fournit de réelles prestations et n'est pas un simple centre de coûts. Sans facturation, les demandes des utilisateurs peuvent être sans fin.

Les **revers** de la médaille sont nombreux…
Cette pratique incite les utilisateurs à rechercher si une concurrence externe n'offrira pas à moindre coût ces mêmes services.
D'une part, cela oblige la DSI à bâtir des outils (coûteux) permettant de prouver que pour le même coût les services offerts sont meilleurs ; enquêtes de satisfaction, SLA, benchmarkings…

D'autre part, si les business units recourent en ordre dispersé à des offres externes, l'entreprise va à l'encontre des principes actuels d'évolution : fin des silos, accent mis sur les standards, optimisation, cohérence de l'architecture, intégration, recherche de synergies et d'économies intelligentes
De plus, les charges de calcul et de reporting nécessaires à la mise en œuvre d'un système crédible de chargeback représentent des coûts administratifs parfois importants : le jeu en vaut-il la chandelle ?

5. Du schéma directeur à l'urbanisation du système d'information[1]

Le schéma directeur

Le schéma directeur permet de décliner la stratégie de l'entreprise, celle du système d'information et les objectifs métiers en portefeuille de projets.
La cohérence entre les objectifs du schéma directeur et la stratégie de l'entreprise de l'entreprise n'est pas un simple « point de contrôle ». Le schéma directeur doit à son tour pouvoir influencer les objectifs et la stratégie d'entreprise.

Cartographie et urbanisation[2] du système d'information

Au fil des décennies, les systèmes d'information des entreprises ont été construits par morceaux, en réponse à

---

1. Ce qu'on appelait naguère la planification informatique.
2. Terme employé par Elisabeth Heurgon (vers 1985), popularisé par Jacques Sassoon, qui lui a consacré un livre (Hermès 1998).

De la stratégie du système d'information au portefeuille de projets

Stratégie du Système d'information	**Plan stratégique**	**Corrélation avec la stratégie de l'entreprise**
Schéma directeur pluri-annuel à trois ans	Système d'information	Orientations stratégiques Grands processus Architecture fonctionnelle et technique Standards Liste des grands chantiers Schéma directeur de la fonction informatique
	Schémas directeurs opérationnels par direction	Grands processus Architecture fonctionnelle et technique Lotissement Liste des grands chantiers Avancement des mises en œuvre Correspondants métiers
Portefeuille de projets		Portefeuille de projets Business case par projet Bilan de projet

des besoins précis et successifs, ce qui a abouti à cet empilement d'applications qui constitue aujourd'hui le patrimoine informatique des entreprises.
« C'est un peu les cathédrales du Moyen-Âge, commencées en style roman et terminées en gothique flamboyant. Les architectes sont morts depuis longtemps et plus personne n'a les plans. »[1]
Les conséquences sont évidentes : complexité, manque de flexibilité, manque de capacité d'adaptation aux exigences des métiers et aux évolutions des stratégies de l'entreprise, redondance, coût...

1. Michel Pébereau, Président de BNP Paribas – Les Échos 12/12/2001.

Cartographier le système d'information pour l'urbaniser

Une approche globale du système d'information a vu le jour dont l'appellation métaphorique d'urbanisation se justifie par bien des aspects :

- notion de projet d'ensemble, de vision, caractère prospectif ;
- notion de prise en compte de l'existant, autant que possible ; harmoniser l'existant, le remodeler, fluidifier les flux d'information, supprimer les goulots d'étranglement ;
- accent mis sur la nécessité pour le SI d'évoluer en permanence ;
- étape préliminaire de cartographie ;
- vocabulaire utilisé ; plans, zones, blocs, quartiers...

Les **retours sur investissement** visés, en termes de gains humains et financiers, sont :

- le moindre nombre de logiciels à maintenir, d'incohérences dans les données traitées, de redondances,
- la meilleure lisibilité des applications existantes,
- la meilleure flexibilité.

Le préliminaire à l'urbanisation est la **cartographie** du système d'information. Celle-ci vise à rendre accessible à l'esprit la structure du système d'information. C'est plus exactement la construction de l'ensemble des cartographies ou représentations du patrimoine informatique de l'entreprise. Elle repose sur des méthodes de modélisation et de conception.

Cette cartographie décrit l'ensemble des éléments du système informatique : matériels, logiciels, les technologies utilisées et permet au DSI :

- de parfaitement connaître et maîtriser l'ensemble de ses ressources ;

– de comprendre leur niveau d'interdépendance et de réutilisabilité ;
– de garantir la facilité d'accès à cette information documentaire, en rangeant l'ensemble de ces éléments à l'intérieur de repères proches de l'activité de l'entreprise.

Cette nomenclature statique d'activités supporte le cadre de référence métiers :

– les ressources ;
– la cartographie fonctionnelle (domaines et sous-domaines, positionnement des applications existantes dans les différents blocs) ;
– les utilisateurs concernés ;
– les sites géographiques concernés ;
– leur niveau d'interdépendance, les flux inter-application ;
– leur niveau de réutilisabilité ;

L'objectif est d'aboutir à une cartographie du système d'Information :

– exhaustive,
– facile à faire évoluer,
– présentant des informations cohérentes,
– partageable, avec des repères proches de l'activité de l'entreprise et de ses processus (cartographie métier incluant les chaînes de valeur, leur description, et les performances stratégiques attendues).

Elle permet une première mise en évidence des dysfonctionnements : redondance des flux, des applications, doubles saisies, lacunes, applications concurrentes, hétérogénéité, shelfware…

L'**urbanisation** ambitionne de dégager les règles qui permettront de gérer les changements tout en sauvegardant la cohérence de l'ensemble

Elle consiste à :

– élaborer un plan d'ensemble susceptible d'évoluer harmonieusement avec les besoins de l'entreprise et les changements qu'elle peut subir,
– faire évoluer une partie du système d'information en limitant les effets de bord,
– rendre le système d'information le plus indépendant possible des changements d'organisation et de l'introduction de nouvelles technologies,
– répartir les éléments du système informatique en zones, quartiers et îlots, (plan d'occupation des sols) afin de limiter la portée des maintenances et de rendre le tout modulaire et apte à l'évolution.

Elle permet de cadrer le champ fonctionnel de chaque projet avant son lancement, dans le respect de la cohérence d'ensemble.
La démarche peut se résumer à un ensemble de règles d'urbanisation à appliquer, par exemple mettre en place des interfaces séparant les blocs fonctionnels de manière à pouvoir remplacer un bloc sans toucher aux autres.

6. De la gestion de projet au management du portefeuille de projets

La gestion de projets

On connaît les chiffres[1] qui mettent en évidence le fait qu'un quart des projets informatiques peut être considéré comme pleinement réussi (le reste échouant, ou étant hors délai ou hors budget).

1. Notamment ceux du Standish Group.

La méthodologie de gestion de projets est pourtant classique et éprouvée. Il en est de même pour les points de **passage** obligés pour la prise de décision et le suivi du projet :

– existence d'un contrat de projet – ou business case – impliquant éventuellement la Direction générale et comprenant
  - le problème à résoudre,
  - la mise en valeur des différents enjeux du projet (stratégiques, organisationnels, technologiques),
  - les niveaux de service, la solution en termes fonctionnels,
  - le dossier économique (éléments financiers ; coûts, retours sur investissement) et (plus rarement) les risques possibles,

– élaboration d'un POC (Proof Of Concept) ou pilote, recours à des méthodes incrémentales ou itératives,

– mise en œuvre d'un pilotage du projet par tableaux de bord.

On peut toutefois noter le faible nombre de projets qui font sérieusement l'objet de **bilans de projet** incluant : un rapport de fin de projet, une mise en évidence des gains obtenus (ce qui sous-entendrait l'existence de nomenclatures de gains), une réelle évaluation économique quelques mois après la mise en production.
De plus en plus d'entreprises[1] se tournent vers les **Project Management Offices** (PMO) comme un moyen pour réduire les coûts et améliorer la bonne gestion des projets. Les PMO sont des structures qui selon des modalités variables apportent aux managers de projets support,

1.De taille importante.

méthodologie, formation et outils logiciels… Ils contribuent au versant opérationnel du management de portefeuille de projets.

Quels sont donc les facteurs d'échec ? On évoque :

– la non-pertinence du modèle économique,
– le peu de communication dès l'amont autour des projets,
– la faible implication du management,
– l'absence de gestion du changement (aucune innovation technologique ne va sans innovation organisationnelle),
– l'incompréhension entre les équipes fonctionnelles et techniques,
– des structures projet trop lourdes pour des projets trop longs.

Les préconisations sont de :

– savoir s'arrêter si les résultats ne sont pas à la hauteur des espérances,
– choisir des projets bien calibrés qui tiennent dans les fenêtres d'opportunité,
– définir des projets en petites étapes avec des gains rapides sur une courte période,
– penser tout de suite à l'impact interne et à la nécessaire politique d'accompagnement au changement.

La raison de cette déperdition d'énergie tient peut-être surtout à une approche trop focalisée sur des projets dissociés les uns des autres.

Le management de portefeuille de projets

Le management de portefeuille de projets est une approche décisive pour créer de la valeur, rationaliser les inves-

tissements informatiques[1] et minimiser les risques dans le choix des projets.
Il permet de décider des projets en fonction de **l'ensemble** des projets existants ou possibles – et non plus à donner un « go » ou un « no go » à chaque projet considéré indépendamment.

Manager par portefeuille des projets

Il correspond à une vue holistique de la stratégie IT globale. Il correspond également à une recherche globale :

- des meilleures opportunités, de la meilleure valeur pour l'entreprise,
- de manière transversale aux différents métiers, aux différents silos de l'entreprise,
- tout en minimisant les risques ou en permettant de prendre des risques plus importants dans certains domaines avec l'espoir d'une plus grande profitabilité.

Les conséquences bénéfiques de l'approche sont nombreuses :

- la balance calculée et assumée entre projets à risques et projets non risqués (à l'image de la gestion d'un portefeuille financier) ;
- un suivi constant du portefeuille de manière à estimer quels projets sont sur les bons rails, lesquels doivent être mieux accompagnés, lesquels doivent être abandonnés ;
- une vision claire et globale de l'ensemble des projets pour les responsables des business units ;
- un outil d'alignement stratégique ;
- un outil d'implication et de vision en équipe des projets pour les responsables de BU.

---

1. Où investir et quand.

Le management du portefeuille de projets comporte quatre étapes fondamentales :

1. **La constitution d'un inventaire des projets IT**, avec une base de données indiquant le nom, les objectifs métiers, le ROI et les bénéfices attendus ainsi que la durée, l'estimation du coût et des ressources nécessaires, les ressources consommées ;

2. **L'identification des projets stratégiques avec** réalisation de business cases pour chacun des projets :
   a. coûts,
   b. ROI et bénéfices attendus (réponse en regard des stratégies de l'entreprise, du système d'information et des objectifs métiers),
   c. Risques encourus.

La mesure du risque pour chaque projet comporte quatre volets : technologie (compétences nécessaires et disponibles), organisation (complexité, dispersion géographique, management du changement), nombre de personnes impactées, poids en termes de reengineering des process.

3. Le **choix des projets**
   Il se fonde sur l'appréciation des critères suivants :

   – comment le projet s'insère-t-il dans la stratégie de l'entreprise, sa compétitivité ?
   – comment s'insère-t-il dans la stratégie du système d'information ?
   – comment contribue-t-il à l'excellence des métiers ?

4. Le **management** du portefeuille concerne les décisions de continuer, d'arrêter, ou de modifier les projets

Les outils logiciels de gestion du portefeuille permettent d'avoir à la fois une vision globale du portefeuille et une vue très précise de chaque projet.

Les options sur futur

Les options sur futur (real options) constituent une approche intéressante dans un contexte incertain de « complexité dynamique » de la demande, des prix, des marchés et des préférences des consommateurs.
Elle permet d'apprivoiser le futur. Elle prend sa source dans les contrats sur option future qui existent sur les marchés financiers.
Par exemple, acheter une option « Call » me donne le droit (sans m'y obliger) d'acheter x actions de la société Z à un prix y à telle date. Si à telle date le prix est plus élevé ; j'achète et je peux donc en revendant bénéficier du bénéfice potentiel. Si ce n'est pas le cas, j'ai perdu ma mise de fonds initiale. Je me suis offert la possibilité d'un bénéfice en prenant un risque limité. En définissant un portefeuille large d'options, je suppose qu'un ou deux grands gagnants paieront (et au-delà) les pertes sur les autres options.
Cette approche ne facilite pas la décision ; elle permet de gérer le **risque** dans le temps et de reporter dans le temps son option d'investir ou de revenir sur sa décision.
Adopter ce type de raisonnement peut donc permettre de définir un portefeuille d'investissements aux montants limités qui répondent à diverses possibilités dans des futurs plus ou moins proches.
À l'opposé de la VAN (qui décide d'investissements irréversibles en toute incertitude) cette approche est un gage de flexibilité plus importante pour l'entreprise en même temps qu'une opportunité pour attendre et apprendre de l'environnement.

Chapitre 6

Mettre en œuvre de réelles stratégies d'infrastructure

1. Les enjeux

L'infrastructure a pour but de fournir de la puissance informatique nécessaire en fonction des activités de l'entreprise : CPU[1], bande passante et réseau, modes d'accès aux réseaux, applicatifs…

Deux enjeux sont cruciaux pour l'infrastructure : assurer la haute disponibilité de l'infrastructure, protéger l'entreprise contre les risques de toute nature.

La haute disponibilité

C'est bien la haute disponibilité globale de l'infrastructure qui doit être visée et non isolément de certains composants ; serveurs, réseaux, mais aussi logiciels.
Par haute disponibilité on couvre une approche technologique – l'expression voisine de continuité de service concernant un ensemble plus vaste de solutions (recours à des prestataires externes…)
Ceci dans une optique de limitation des SPOF (Single Point of Failure) et de disponibilité « four nine » (à 99, 99 %, ce qui laisse de la marge pour des arrêts planifiés pour maintenance).

Gérer globalement la haute disponibilité

De manière synthétique, les mesures envisageables sont les suivantes.

1. Central processing unit – unité centrale de traitement.

Pour les serveurs

- redondance : mirroring des disques RAID, redondance des protections électriques (onduleurs et alimentations), thermiques (ventilateurs) et des équilibreurs de charges,
- administration à distance,
- mise en place de clusters,
- possibilité d'échange à chaud (alimentation, disques),
- serveurs avec processeurs de réserve (industries saisonnières, entreprise à facturations ponctuelles et régulières…).

Pour les réseaux

- doublement : connectique (cartes de connexion réseaux, commutateurs, routeurs), serveurs de cache, pare-feux…
- utilisation d'outils d'administration réseaux.

Pour les logiciels

- redondance,
- mirroring,
- parallélisation,
- clustering permettant la continuité d'exploitation en hot stand by,
- réplication à visée de « secours »,
- équilibrage de charges,
- supervision proactive.

Le problème principal de la haute disponibilité est son coût financier exponentiel : ainsi passer de 99,97 % à 99,98 % peut augmenter le coût de 300 %

Risques et sécurité

Plus les entreprises étendent leurs réseaux pour y inclure leurs fournisseurs, leurs clients, leurs salariés nomades,

plus la masse des échanges d'information est importante, plus les risques auxquels sont confrontés les systèmes d'information augmentent. Le nombre d'incidents rapporté par le CERT est en constante augmentation.[1]
La dispersion des ressources (généralisation des architectures clients-serveurs), rend les systèmes répartis très vulnérables.

On constate que les entreprises commettent en matière de sécurité plusieurs erreurs.
Elles se focalisent sur certains points (firewalls, antivirus...) sans avoir une stratégie globale de sécurité.
Elles omettent d'associer les directions opérationnelles à la politique de sécurité.
Elles sous-estiment les risques présentés par les salariés.
Elles limitent l'appréhension des risques et les solutions au domaine informatique, en excluant la sécurité physique.

D'abord une stratégie globale

En matière de politique de sécurité, la difficulté est de garder une vision globale. Le DSI doit élaborer, en collaboration avec les directions opérationnelles un plan stratégique cohérent de sécurité, avant de s'attacher à des problèmes ponctuels.

Gérer globalement la sécurité

Ce plan doit être élaboré de manière pragmatique en tenant compte des caractéristiques propres de l'entreprise. Il est souhaitable de travailler avec les directions opérationnelles de manière à englober l'ensemble des risques, pour chaque système, pour chaque concept.
Le plan doit faire ressortir – cela fait partie du dialogue avec les directions générales et opérationnelles – la balance entre les **coûts** de la sécurité et les risques : perte de CA ou de clients, litiges clients, dégradation de

1. www.cert.org (CERT coordination Center).

l'image de marque, perte de productivité des salariés, mise en péril de l'activité…
Il doit mettre l'accent sur le fait que la sécurité n'est pas un état d'achèvement, mais un processus dynamique : un système n'est jamais assez sûr. Il doit y avoir permanence de la politique et itération de la démarche.
À cette stratégie globale doit s'adjoindre une gestion unifiée et une administration centralisée de la sécurité : système central de gestion des événements, serveur centralisé pour la gestion des identités…

Des réponses appropriées

• Les salariés

Les employés sont dans la majeure partie des cas la source (consciente ou non) de problèmes d'insécurité : communication de mot de passe, accès sauvage au réseau de l'entreprise, échanges de fichiers par répertoires partagés…

Le plus approprié est de mettre en œuvre une politique cohérente qui a notamment pour objectif de savoir qui fait quoi dans le système d'information de l'entreprise :

- diffusion d'une charte de sécurité,
- diffusion d'une charte fixant les règles d'utilisation par les salariés des ressources de l'entreprise (messagerie, accès Internet…),
- audits des postes de travail, supervision des applicatifs installés…
- analyse des statistiques, notamment volumétries des transactions,
- mise en œuvre d'accès nominatifs avec gestion des mots de passe par tokens (clé USB, cartes à puces, calculettes challenge/response) et attachement à l'adresse IP de la machine,

– gestion des identités (qui a pour objectif de centraliser le stockage des autorisations des utilisateurs).

• Points à surveiller et actions

On peut dresser le tableau indicatif suivant.

Gérer la sécurité informatique

	Points à surveiller	Détection, prévention et actions
Politique globale POSI [1]		Plan stratégique de sécurité Audit et diagnostic des risques [2] Organisation des fonctions sécurité Formation des équipes informatiques Formation sécurité des utilisateurs Tests de vulnérabilité
Sécurité physique	Risques physiques (incendies, intrusion...)	Accès physique à l'entreprise
Accès	Accès distants aux réseaux Intrusions Dénis de services [3]	Mots de passe Biométrie Authentification SSO Authentification forte secureID
Systèmes et réseaux	Télécommunications Réseaux et réseaux sans-fil	Pare-feux Savoir ce qui se passe sur le réseau et qui fait quoi : collecte et analyse des logs, alerte, journal quotidien Reverse-proxy Prudence lors de la phase de démarrage des protocoles wireless

1. Politique de sécurité des informations – recommandations de la norme ISO/IEC 17799/2000.
2. Méthodes d'analyse des risques : Marion, Melisa...
3. Serveurs rendus indisponibles par des demandes d'accès massives.

	Points à surveiller	**Détection, prévention et actions**
Applications	Virus Intrusion	Pare-feux Antivirus Détection d'intrusions Contrôle d'accès – passerelles SMTP, HTTP Filtrage de contenus
E-commerce	Sécurité des paiements	Cryptage des échanges Respect des règles de sécurité des communications [1]

• L'infogérance de la sécurité [2]

La sécurité est une problématique cruciale qui fait hésiter sur l'externalisation de sa gestion ou de sa mise en œuvre. Pourtant, ici aussi, l'évolution des technologies commande le recours à des compétences pointues. Principalement pour ce qui est de :

– la téléadministration de pare-feux (remontée et analyse de logs),
– l'administration de VPN,
– la détection d'intrusions.

1. **Intégralité** : les données envoyées lors d'une transaction doivent être complètes.
Intégrité : les données envoyées dans le cadre d'une transaction ne doivent pas être modifiables en transit ni en entreposage.
Confidentialité : toute communication entre les parties n'est accessible que par les parties impliquées, que ce soit en transit ou en stockage.
Authenticité : la partie avec laquelle les partenaires font affaire est bien celle qu'elle prétend être.
Non-répudiation : aucune des parties ne peut nier le fait qu'elle ait participé à la transaction après l'avoir conclue.
2. MSS – Managed Security Services.

• La continuité de services[1]

À l'approche traditionnelle plutôt réactive qui se focalisait sur un modèle axé sur les technologies et sur les cas d'urgence (IT recovery, IT disaster recovery), succède une approche pro-active centrée sur la continuité de l'activité de l'entreprise (Business continuity).
On procédera d'abord à un **état des lieux** en élaborant une matrice faisant ressortir la liste des risques potentiels, avec leur degré de probabilité et la gravité de leur impact sur l'entreprise (avec un chiffrage permettant de faire ressortir le coût journalier d'un sinistre[2])
Le plan de continuité inclut la **prévention** des risques (bases de données, applications, communications voix-données...) et les **mesures** propres à assurer la continuité de services en cas de survenance du sinistre (duplication de la salle informatique, système de backup, mirroring, hébergement extérieur...).

2. Les domaines

Adopter des stratégies d'optimisation pour les divers domaines d'infrastructure

Les serveurs

Au-delà des problématiques classiques entourant le choix des serveurs...

– les bases de données supportées,
– les OS supportés,
– l'architecture de processeurs,
– la capacité à gérer plusieurs serveurs de types différents,
– la maintenance,

1. BCP – Business Continuity Planning.
2. Ce qui en fait un outil de dialogue convaincant.

– la puissance,
– les possibilités de changement à chaud (alimentation, disque dur…),
– la fiabilité,
– l'ouverture : les langages disponibles, les possibilités de communication (gestion des liaisons spécialisées…)
– les fonctionnalités : partitionnement dynamique et logique, applications graphiques, efficacité dans le serveur d'applications…
– les fonctionnalités d'autonomie évoluée : autoconfiguration, autocontrôle, autocorrection (localisation des composants défaillants), autogestion, signalisation rapide des incidents, autoréparation instantanée, autoprotection, réallocation de capacités…

…leur consolidation est aujourd'hui un enjeu pour grand nombre d'entreprises

Elle peut trouver des justifications structurelles ;

– réduction du coût de possession,
– facilité d'administration et de maintenance,
– réduction des coûts de support technique,

et résulter d'événements affectant la vie de l'entreprise :

– migration d'une version d'une application à une autre,
– fusion et rationalisation des plates-formes informatiques.

La consolidation [1] des serveurs recouvre plusieurs possibilités.

---

1. Le terme anglais de rightsizing est parlant.

La consolidation **logique** vise à bâtir un seul environnement unifié en centralisant l'administration des serveurs et des applications dans un seul serveur.
La consolidation **physique** ou géographique dans un seul centre de données [1] présente aussi l'avantage de faciliter leur sécurité physique.
La consolidation de **stockages** permet de diminuer le nombre d'unités par le recours à des unités de taille plus importante.
La consolidation de **serveurs** proprement dite permet de remplacer des serveurs par un nombre restreint de serveurs plus puissants, soit en consolidant plusieurs instances de la même application [2] sur un serveur unique, soit en installant plusieurs types d'applications différentes sur le même serveur grâce à son partitionnement dynamique et logique·

Les réseaux

On ne saurait plus souligner le côté crucial de cette « épine dorsale » de la communication d'entreprise qu'en rappelant d'une part ce que doivent aujourd'hui supporter les réseaux d'entreprise :

- des flux de plus en plus volumineux, des besoins donc croissants en bande passante,
- la convergence des trafics données et voix [3],
- l'impact des projets transactionnels ou collaboratifs du système d'information [4],

1. Ou quelques centres de données en nombre limité.
2. Une base de données, par exemple.
3. Voice On IP.
4. Comme les portails d'entreprise.

– le fait que désormais, selon la formule célèbre, « l'ordinateur, c'est le réseau » ; le réseau stocke les données (SAN), fournit les composants applicatifs (Web services), apporte la puissance de calcul (grid computing)…

Les problématiques classiques deviennent donc critiques :

– performance et fiabilité,
– sécurisation,
– anticipation et suivi des montées en charge et des croissances de débit,
– simplicité d'administration,
– maîtrise des coûts.

Selon une enquête[1] de juin 2003 – auprès de professionnels de l'informatique et des nouvelles technologies :

– 61 % des répondants font état de besoins en bande passante en augmentation ;
– un peu moins de la moitié de l'échantillon (45 %) a déployé un VPN IP ;
– 55 % envisagent à court (32 % du total) ou moyen terme (23 % du total) de se placer dans une logique de client léger ;
– 77 % de l'échantillon supervise l'usage du réseau.

Quelques tendances peuvent servir de repères pour une stratégie réseau.

Le choix du tout IP

Les applications des entreprises utilisent de plus en plus le protocole IP. Son rôle de standard ne peut que s'affir-

1. www.journaldunet.fr

mer au fil des évolutions [1] technologiques vers des hauts débits, une intégration du sans-fil, la convergence voix-données.
Le choix d'un réseau IP VPN (Virtual Private Network) permet par rapport à un réseau VPN Frame Relay des économies [2], des connexions nomades en ADSL, une utilisation internationale, la prioritisation des flux voix-données [3].
L'entreprise peut externaliser son réseau à un opérateur privé [4] ou utiliser le réseau public avec sécurisation IPSEC.

Des problématiques plus aiguës en termes d'administration

L'administration de réseau doit faire face à des protocoles hétérogènes (IP, Ethernet, protocoles sans-fil et mobiles…) et à des points critiques en termes de sécurité notamment en raison de l'ouverture du système d'information (accès LAN ou distants).
La gestion de la bande passante passe par la mise en œuvre d'un arsenal cohérent de mesures : redimensionnement du réseau, compression des données…

Les réseaux en temps réel

Les réseaux doivent faire face à l'impératif du temps réel :

– communication permanente [5],

1. Ipv6 et Internet 2.
2. D'environ 20 %.
3. Par les classes de services
4. Qui gère donc la sécurité
5. Allways on

– accès sans fil grâce à des périphériques légers (PDAs, smartphones…) et communicants (parce que dotés d'une adresse IP, sachant se situer géographiquement et supportant – des modalités de collaboration en temps réel[1].

Par ailleurs, il faut envisager l'intégration prochaine de l'ensemble des réseaux.
Ainsi un utilisateur connecté passera sans **solution de continuité** et en toute transparence pour lui, d'un accès BlueTooth dans son bureau à un réseau WiFi lorsqu'il se déplacera dans l'enceinte de l'entreprise, puis à un réseau de téléphonie mobile lors de ses déplacements extérieurs.

Le parc distribué

Les problématiques sont de plusieurs ordres :

– le choix de postes de travail répondant aux exigences de sécurité, d'ergonomie, de puissance, de connectivité, de stockage[2]…
– la standardisation des postes de travail permettant le déploiement, l'administration, la maintenance, les sauvegardes avec des coûts optimisés,
– l'intégration des mobiles légers dans le système d'information.

L'avenir est à l'intégration des PDA au système d'information et à leur administration par l'entreprise. Par contre, les règles du jeu restent à fixer :

– quant aux OS : pocket PC ou Palm OS :
– quant aux modes : client serveur déconnecté ou client léger ;
– pour ce qui est des normes de sécurité.

1. Webcast, instant messaging.
2. De poids et d'autonomie pour les ordinateurs portables.

Le stockage

La stratégie de stockage, qu'il s'agisse des problématiques de partage de fichiers, de sauvegarde ou d'archivage, doit faire l'objet d'une attention particulière.
En premier lieu, en effet, les coûts de stockage représentent une part **croissante** des coûts informatiques de l'entreprise (on parle d'un ratio de 75 % pour le stockage contre 25 % pour les serveurs), notamment à cause de la masse croissante des bases de données et des applications ; datawarehouses, CRM, ERP, e-business...
Au niveau mondial on estime (étude de l'Université de Californie à Berkeley) que la production de contenu avoisine chaque année 250 megabytes par habitant de la terre.

En second lieu, les technologies de stockage représentent un double défi :

– elles intègrent de manière complexe des **technologies** :
  - matérielles ; baies, commutateurs, bandes LTO, disques (à capacité élevée – 100 Go – ou à temps d'accès performants)...
  - réseaux et connectivité ; Fibre Channel, SCSI,
  - et logicielles.

– elles sont de plus en permanente **évolution** comme le montrent les technologies émergentes de :
  - iSCSI (SCSI sur IP – sorte de SAN sur réseau IP),
  - virtualisation et data centers,
  - storage management automation,
  - stockage hiérarchique (HSM – Hierarchical Storage Management) qui liite les coûts du stockage,
  - peer-to-peer...

On soulignera, en matière d'**architecture de stockage** trois alternatives essentielles.

Le modèle **DAS** – Direct Attached Server (ou **SAS** – Server Attached Storage) consiste en disques de stockage directement rattachés aux serveurs. Le stockage en mode réseau consiste à mettre en œuvre des technologies de type : **NAS** ou – de manière plus performante mais plus coûteuse – **SAN**.

Comparaison des technologies NAS et SAN

NAS (Network Attached Storage)	**SAN** (Storage Area Network)
Définition	
Baie de stockage multi-environnements partageable par plusieurs serveurs	Réseau distinct du réseau de l'entreprise connectant l'ensemble des unités de stockage et des serveurs – avec une distance maximum de 10 km
Applications concernées	
Accès en mode fichier Applications départementales n'ayant pas de contraintes d'engagement de services lourds Partage d'informations Applications nécessitant de nombreux accès en lecture/écriture ; faible temps de latence Stockage consolidé, applications Internet et e-commerce, supports numériques	Accès en mode bloc Flux transactionnels lourds nécessitant une garantie de niveau de service, notamment au niveau des performances Temps de réponse et débits critiques : catalogues en ligne
Avantages	
Facilité d'installation et d'ajouts de serveurs y compris sur des sites distants Allégement du serveur réseau Interopérabilité – Partage de données entre plate-formes hétérogènes	Consolidation d'une grande quantité d'informations au sein d'un réseau distinct de stockage centralisé Accélération de l'extraction des données avec technologie Fibre Channel 1Gbit/s avec un rendement de 70 % Simplification des sauvegardes et restaurations

	Évolutivité intrinsèque quasiment illimitée
Points sensibles	
Utilisation du réseau existant, éventuellement protocole IP	Interopérabilité à tester Prix élevé du réseau Progiciel de gestion indispensable pour les réseaux importants

Il faut noter toutefois que le monde du NAS et du SAN a tendance à converger dans la mesure où les fournisseurs de matériels mettent à disposition des produits hybrides. L'élaboration d'une véritable stratégie de stockage comprend plusieurs étapes.

- **L'analyse précise des besoins métiers en stockage de données**
  - Quelles utilisations du stockage fait l'entreprise ?
  - Quelles sont les ressources installées ?
  - Quelles sont les données utilisées, leur âge ?
  - Quels sont les utilisateurs et les applications qui utilisent les données les plus fréquemment utilisées ?
  - Comment hiérarchiser les données selon les temps d'accès requis par les applications ?
  - Quelles sont les évolutions quantitatives à attendre ?

- **Le choix et la définition des objectifs poursuivis**

  Il faut définir les niveaux recherchés en termes :

  - de sécurité (intégrité, confidentialité...),
  - de fiabilité, de haute disponibilité (pour le commerce électronique par exemple),
  - de performance (processus de sauvegarde et de restitution, débit de sauvegarde, rapidité d'accès, fiabilité...),

– d'évolutivité,
– de recovery-restitution (plan de reprise des activités – par exemple sous 72 heures), business continuance (plan de continuité des affaires – généralement en moins de douze heures),
– de réduction des coûts qui peut viser les coûts en personnel dédié au stockage (nombre de terabytes par administrateur), les coûts en capacité de stockage, le downtime…
– de souplesse d'administration.

– la définition d'une architecture cible

– le choix des politiques à mettre en œuvre

Les politiques à étudier sont fonction des objectifs conditions propres à chaque entreprise :
– consolidation de stockages hétérogènes, en préférant des unités de grande taille,
– mise en œuvre d'un SAN, ou d'un NAS qui permet des économies,
– mise en œuvre d'un logiciel de management et de monitoring du stockage (SMS – Storage Management Software),
– mise en place d'un chargeback interne,
– externalisation, avec tous ses avantages ; mutualisation, évolutivité en fonction des besoins en volume, évolutivité technologique, niveaux de sécurité offerts (même s'il faut prendre en compte la « sensibilité de l'entreprise pour ses données sensibles) – et sa problématique de liens à haut débit ou de centralisation géographique des systèmes du client et du stockage du prestataire.

Il convient en tout état de cause – comme pour tout investissement en technologies de l'information – de mettre en balance les exigences demandées, les résultats attendus et les ressources nécessaires.

Les solutions d'édition

L'entreprise doit aller au-delà d'une stratégie des systèmes d'impression pour élaborer une stratégie globale qui intègre la délivrance des « **sorties** » [1] quels que soient les formats et les media : imprimante, vidéoprojecteurs, fax ou formats électroniques (mails, Web, mobiles...)
Dans cette optique, le rôle des copieurs connectés et des imprimantes multifonctions qui regroupent les fonctions d'impression, de duplication, de numérisation, d'envoi de télécopies sur réseau IP doit être étudié particulièrement par l'entreprise.
Les enjeux de l'**output management** sont forts : la communication doit être personnalisée, directe, de qualité adéquate, et dans le format que souhaite le client ou le destinataire. La sortie doit être réalisée à la demande[2], pour qui le demande (en fonction des besoins et intérêts particuliers, spécifications...), et là où c'est nécessaire.
L'objectif de recherche d'économies – surtout dans un domaine où la part des coûts cachés représente plus de la moitié du coût total – reste bien sûr présent : rationalisation des modes de sortie, standardisation de l'impression, économies sur les coûts d'impression, de manipulation, d'envoi...
Concernant les services d'**impression**, le réengineering des processus de publication passe par des phases clés :

- l'analyse des besoins[3] et l'adaptation des modes de délivrance,
- une définition de flotte et une architecture réseau fiable et évolutive, cohérente et homogène

1. On parle d'output management.
2. Le juste-à-temps de la communication
3. Dans le domaine des économies : l'impression recto-verso ou le mode économie d'encre peuvent souvent être développés

• à un niveau : serveurs d'impression à distance contrôlant les imprimantes réseau
• ou deux niveaux : serveurs de fichiers, serveurs d'impression locaux déportés contrôlant les imprimantes

– l'analyse des modes d'impression en déplacement[1],
– le choix de matériel adapté en : couleur, vitesse[2], définition, options de finition[3],
– la localisation des imprimantes en fonction ;
  • des contraintes géographiques des sites
  • des pôles fonctionnels ou métiers
  • des contraintes technologiques (N&B/Couleur, puissance…)
  • des règles de sécurité
– la mise en place d'une administration à distance (par exemple ; une jauge d'encre déclenchant une commande de réapprovisionnement),
– le suivi des pratiques d'impression grâce à des outils de comptabilisation des impressions[4], ou le contrôle des droits des utilisateurs,
– la gestion des consommables,
– la définition du mode de gestion des sorties : centralisation des achats ou des contrats de services (avec paiement à la page du prestataire).

L'infrastructure applicative

Optimiser le développement logiciel

Les méthodes d'ingénierie logicielle, les modèles de développement logiciel et de suivi de projet, les métho-

1. « Print on the go », par exemple par réseau sans-fil sur l'imprimante la plus proche.
2. Qui va de 8 à plus de 1 000 pages par minute.
3. Décalage des travaux, agrafage automatique.
4. Document accounting systems.

dologies qualité et les environnements de développement mis en œuvre ont pour objectif d'assurer :

– la qualité des développements logiciels et donc leur utilisation réelle ;
– la rapidité de développement ;
– la maîtrise des coûts ;
– l'amélioration de la productivité – l'abaissement du coût de développement et de maintenance des applicatifs ;
– la construction de logiciels qui acceptent les changements au niveau des spécifications :
– la facilité d'intégration au patrimoine applicatif.

Elles préconisent un certain nombre d'approches et de méthodes :

– itération ;
– approche objet (OO) ;
– accent mis sur la gestion des risques ;
– architecture à base de composants, réduction de l'écriture manuelle de code ;
– recours à l'automatisation (génération de codes, robots de tests) ;
– rapprochement entre la conception et le développement, meilleures collaboration et communication,
– langage formel de modélisation visuelle (UML) ;
– architecture orientée services (données, applications, métiers étant des éléments qui évoluent différemment) ;
– réutilisabilité : coffre-fort des actifs, moteur de patterns…

Le tableau suivant précise certaines méthodes.

Méthodes d'optimisation de développement logiciel

Méthode	Utilisation	Points-clés
Unified Process (UP)	Processus de développement logiciel standard	Pilotage par les cas d'utilisation, développement itératif, gestion des besoins et des exigences, approche orientée objet, architecture à base de composants, UML
RAD (Rapid Application Development)	Méthode basée sur la communication entre maîtrise d'ouvrage et maîtrise d'œuvre	5 phases : initialisation, cadrage, design, construction, finalisation
Adaptative Software Development	Cycle de vie souple face aux changements survenant constamment dans le cadre des projets e-business	Capitalisation des connaissances Collaboration entre développeurs, testeurs et client
Xtreme Programming (XP)	Sa finalité est la suppression des risques : délais incontrôlés, non qualité, non compréhension du métier client, impossibilité de suivre les modifications	Communication Simplicité Retour (rapidité des échanges) Courage et franchise des interlocuteurs
CMM (Capability Maturity Model)	Modèles permettant de juger de la maturité des processus de développement des logiciels d'une entreprise et d'identifier les mesures à mettre en œuvre pour l'augmenter	Cinq niveaux de maturité représentent des paliers d'évolution bien définis dans le cheminement vers un processus logiciel mature. CMM répertorie des pratiques de planification, d'ingénierie et de gestion qui améliorent – à chacun des niveaux définis ci-dessus – la capacité de l'organisation à atteindre des objectifs de réduction des coûts et délais de développement, de qualité et de fonctionnalité.

Méthode	Utilisation	Points-clés
ISO-SPICE (ISO/CEI TR 15504) (Software Process Improvement Capability dEtermination)		6 niveaux de maturité et 5 catégories de préoccupations
Éclipse	Portail d'environnement de développement en open source	Environnement unique prenant en compte l'ensemble du cycle de création d'une application Les standards supportés sont les plus complets possibles d'HTML au standard de Business Process Language BPEL4WS, de J2EE à RedHat Linux…

De nouveaux critères pour le choix des applicatifs

Le premier critère est la couverture fonctionnelle. Le coût d'opportunité est à considérer de manière à ne pas dépenser trop pour des fonctionnalités marginales ou pour des fonctionnalités qui peut-être ne seront plus d'actualité par la suite.

Les autres critères à prendre en compte sont :

– les capacités d'intégration avec les suites applicatives existantes,
– le coût,
– l'impact à court terme.

De plus en plus, la rapidité d'implémentation[1], l'agilité (facilité à upgrader), donc la modularité seront des critères importants, allant de pair avec un coût moindre et donc un risque moindre[2].
Le besoin de « composants » devient d'autant plus fort que leur distribution est de plus en plus facilitée grâce aux réseaux.
Les **architectures de systèmes d'information** seront de plus en plus axées autour d'un serveur d'application Web construisant des outils logiciels à partir de composants applicatifs correspondant à des fonctionnalités précises distribuées sur les réseaux. Les capacités sont apportées sous forme de composants servis dans le cadre de standards J2EE, XML, Web Services, Grid Computing... C'est la notion d'application composite. Le grand intérêt est la flexibilité.

La consécration de l'architecture trois-tier

Trois types d'architecture coexistent dans les entreprises, avec une tendance nette à la multiplication des architectures trois tiers.

• Les systèmes centralisés

Les traitements s'effectuent sur un serveur central (mainframe ou serveur). Le client est léger. Les technologies sont propriétaires : L4G propriétaires, RPG AS/400, Cobol Mainframe...

1. Générant un retour sur investissement plus rapide.
2. On parle de « point applications ».

• L'architecture client-serveur

Les traitements sont réalisés sur le poste client, intelligent puisque doté d'un OS.
L'administration est lourde. Elle demande d'installer un logiciel spécifique sur chaque poste utilisant une application. La gestion des applications (mise à niveau, déploiement, gestion, support) demande une intervention physique sur chacun des postes de travail. Le système d'exploitation et les applications doivent être réinstallés complètement en cas de virus.
Cette architecture offre en revanche le bénéfice d'accéder par un interface utilisateur unique à des outils locaux ou distants (file system intégré, applications, périphériques…)

• L'architecture trois-tier

Elle distingue trois couches :

– le client navigateur Web : couche de présentation ;
– les serveurs patrimoniaux et les bases de données : couche de données ;
– entre les deux, le serveur d'application.

Le client est universel, accède à des environnements hétérogènes et intègre en toute transparence les ressources locales et distantes de l'utilisateur.
Il existe – outre les scripts – deux grandes tendances technologiques : le standard J2EE, l'offre.Net de Microsoft.
Pour les applications patrimoniales non accessibles par navigateur, il est possible de traduire les applications en standards Web, d'opérer un revamping en solution Web-to-host.
L'autre possibilité est de se résoudre pour certaines applications à une architecture client léger et donc à une coexistence de deux systèmes.

Le **client léger** (« thin client » ou network PC) renforce le rôle des serveurs et vise l'« administration zéro » sur les postes clients.
Le modèle client léger[1] est un modèle centralisé. Les applications sont exécutées sur un serveur puissant[2]. Le client léger – poste de travail qui est un terminal graphique passif – se contente de l'affichage et de l'interaction avec l'utilisateur. Ne transitent alors sur le réseau que les frappes clavier, clics souris et différentiels d'affichage écran.

Le poids croissant des logiciels open source[3]

Les offres libres ou open source couvrent de plus en plus de domaines ; les couches basses (systèmes d'exploitation serveurs et clients, middleware, bases de données) mais aussi les applications bureautiques (Open Office), les navigateurs Web (Mozilla), les applications intégrées sectorielles, les environnements de développement (Éclipse), l'administration, les outils de sécurité…
Les offres les plus répandues sont parfois dénommées plate-forme LAMP : Linux, Apache, MySQL, PHP.
Un logiciel Open Source répond à un certain nombre de conditions, notamment celle d'être du code source distribué librement et dont les modifications et les travaux dérivés doivent également être distribués librement.
Ils ont à leur avantage un coût total de possession bas, une customisation plus aisée. Par ailleurs, ils offrent plus d'indépendance à leurs utilisateurs – qui ne dépendent pas d'un seul éditeur. Enfin, étant le produit d'une communauté d'utilisateurs, ils offrent plus de fiabilité,

1. « Thin client » ou network PC.
2. Et coûteux puisque souvent multiprocesseur et disposant de beaucoup de mémoire pour exécuter simultanément les applications de tous les utilisateurs.
3. Vu du côté des développeurs, le logiciel est dit Open Source ; du côté utilisateurs, libre.

plus d'évolutivité et d'innovation, plus de garantie en termes de sécurité.

Étudier les opportunités offertes par l'Open Source

On souligne aussi leur capacité de dialogue avec l'existant, leur adaptation croissante aux exigences nouvelles de l'embarqué et du temps réel.

En revanche, leur choix en entreprise demande que soient validées au cas par cas la maturité et la pérennité de l'offre.

Un grand nombre d'éditeurs entrent dans le mouvement : ainsi les éditeurs portent leurs produits sous Linux (sans pour autant ouvrir le code ou rendre le logiciel gratuit)[1].

D'autre part, ce sont de plus en plus de véritables alliances qui portent les offres open source. Le consortium ObjectWeb assure ainsi en Europe une offre de logiciels d'infrastructure.

La gestion d'infrastructure

Le champ de la gestion d'infrastructure s'étend et s'accompagne de l'apparition de logiciels d'automatisation qui ouvrent la voie aux centres de données autonomes.

L'IRP (Infrastructure Resource Planning) concerne tous les aspects économiques, budgétaires et administratifs de l'infrastructure quelle qu'elle soit ; serveurs, réseaux, parc micro, parc d'outils nomades...

Les objectifs de la gestion d'infrastructure

Ce sont des objectifs :

- **de performance** : assurer la performance des infrastructures informatiques pour obtenir une garantie de

1. « Unix est mort » – Randy Mott, CIO et vice-président de Dell en janvier 2003.

service en fonction des attentes métiers, réduire les délais d'intervention;
- **de sécurité** : éviter l'installation « sauvage » d'applications et d'utilitaires, éviter les accès réseaux non contrôlés, les attaques de virus, les accidents;
- **de gestion** : réduire les coûts d'exploitation.

Les domaines de la gestion d'infrastructure

Les domaines concernent :

- la gestion du parc d'équipements
  - inventaire des matériels et des contrats
  - inventaire des logiciels et suivi du temps d'utilisation des licences
  - gestion financière
  - suivi du TCO

- la configuration et l'administration
  - configuration des postes de travail
  - déploiement d'applications
  - télédistribution de logiciels (installation, configuration automatique à distance)

Des logiciels permettent la résolution des conflits entre versions d'applications, de systèmes d'exploitation, de matériels (logiciels de provisioning), la simulation des dépendances entre les applications et le reste du système d'information (outils de recherche de dépendances).

- la maintenance
  - maintenance des équipements
  - antivirus
  - supervision et remontée d'alarmes (postes de travail…)

- helpdesk utilisateurs
- formation des utilisateurs
- contrôle d'une station de travail à distance
- notification d'événements
- connaissance de la charge de travail par type d'incidents
- planification des interventions par type d'infrastructure
- planification des équipes

– la gestion de la performance informatique
Elle a pour objet de connaître les problèmes, de les prévenir, de les résoudre, d'optimiser l'infrastructure.
Elle passe par la mise en place (en local ou en distance) d'agents de surveillance en des points stratégiques de l'infrastructure ou sur les applications les plus sensibles d'un processus métier permettant de faire remonter vers la console globale d'administration en vue de diagnostic par les outils logiciels

Vers l'administration prédictive d'infrastructure

L'évolution va vers des centres de données virtuels et autonomes sur la base d'une administration prédictive des infrastructures, grâce à deux concepts : la virtualisation, l'autonomic computing.

• La virtualisation

La virtualisation consiste à regrouper de manière automatisée au sein d'une vue logique des ressources physiques quelles que soient leur origine et leur localisation : applications, serveurs, réseaux, stockage.
De cette manière, la supervision des ressources est facilitée, l'application de processus automatisés est

rendue possible, la performance est plus facilement optimisée
Ainsi, dans les réseaux, la virtualisation facilite la répartition de charges entre serveurs.

Il existe d'autres axes de virtualisation :

– la virtualisation des **applications** : elle permet de construire un système distribué utilisant des composants applicatifs de différents systèmes [1] pour supporter des processus d'entreprise et des workflows transversaux ;
– la virtualisation des **serveurs** (soit par partitionnement d'un serveur physique en plusieurs serveurs logiques indépendants et reconfigurables, soit par présentation d'un seul serveur logique sur la base de ressources multiples, un serveur lames par exemple).

• L'autonomic computing [2]

Les recherches scientifiques menées par IBM et diverses universités américaines dans le domaine de l'autonomic computing se sont fixées comme objectifs d'avoir une gestion de réseaux automatisée, une infrastructure qui se configure, se corrige, s'optimise, se protège seule, de manière automatisée

---

1. Ce qui couvre aussi les services Web et le grid computing.
2. Ou « holistic computing », ou « introspective computing ».

Chapitre 7

Piloter l'externalisation

L'externalisation s'affirme comme une tendance lourde. On trouve l'informatique parmi les fonctions les plus externalisées par les entreprises, qui incluent également la paie, la restauration, la logistique, la gestion juridique et fiscale, l'audit, les services généraux, la formation, le recrutement, la communication et la publicité, la comptabilité[1].
Les entreprises abandonnent les missions qui ne correspondent pas à leur métier réel. Ainsi, General Motors était la plus grosse agence de voyages du monde jusqu'à ce qu'elle externalise les déplacements professionnels de ses collaborateurs en 1998 (avec une économie estimée de 93 %!)

C'est dans le domaine de l'informatique que le mouvement prend aujourd'hui sous des formes nous allons le voir très diverses le plus d'ampleur.
Nombre d'entreprises – grands groupes mais aussi PME-PMI – passent ainsi de la gestion des ressources informatiques à la gestion de la sous-traitance informatique.

1. Les motivations de l'externalisation

Les motivations des entreprises évoluent.

La motivation économique

La motivation économique de l'externalisation est traditionnelle, et pas seulement dans le domaine de l'informa-

1. Enquête récente Coopers & Lybrand.

tique, rendant ainsi favorable l'accueil des directions financières.
C'est la raison pour laquelle le premier pas vers l'externalisation prend parfois l'aspect d'une création d'une DSI comme prestataire de services internes (exemple de France Telecom) en raison de l'acquisition lors de cette phase d'une connaissance détaillée des coûts pour chaque processus métier.

Elle prend en compte – outre une meilleure visibilité des coûts – plusieurs aspects :

- la suppression des investissements initiaux massifs, l'évitement des effets de seuil ou de montée en charge,
- la réduction du coût d'exploitation (des coûts fixes comme les coûts de personnel ou des coûts variables comme les dépenses de formation) par le jeu des économies d'échelle et de la mutualisation des ressources nécessaires chez le prestataire,
- le remplacement d'un fonctionnement hybride – réunissant ingénieurs internes et prestataires en régie – dont les coûts sont habituellement mal maîtrisés,
- l'absence d'immobilisation de ressources non utilisées,
- la diminution de surcoûts en raison d'une meilleure sécurité (virus, hausse brutale de trafic…) permettant une amélioration de la continuité de service.

Enfin, l'externalisation permet la maîtrise, voire la réduction des coûts par l'avènement du règne des coûts variables. L'entreprise cliente paye pour ce qu'elle consomme réellement.
Il n'y a guère d'oppositions des DAF à ces options. Mais, en valeur absolue, il n'est pas certain que l'externalisation fasse baisser les coûts informatiques.
En effet, certaines entreprises « profitent » de l'externalisation pour être plus exigeantes puisque le niveau de

service rendu possible est sans commune mesure avec celui que peut offrir l'entreprise. Il y a recherche non plus d'économie mais de valeur supplémentaire.

La motivation économique est à l'origine de l'offshore outsourcing

Un vaste mouvement de délocalisation est en marche, bien ancré déjà aux États-Unis pour les centres d'appel, le développement d'applications, les tâches de saisie, les tests… Un marché de 10 milliards d'euros en 2002[1].

Les pays destinataires sont des centres « traditionnels » comme l'Inde mais aussi de plus en plus la Chine et d'autres pays d'Asie du Sud-Est, d'Europe de l'Est ou d'Afrique du Nord – où les prix de journée sont de 20 à 50 % moins élevés que dans les pays externalisateurs.

Mais la **prudence** recommande de prendre en considération d'autres facteurs que ces coûts réduits dans le cadre d'une stratégie d'offshore outsourcing[2] :[3]

- le risque-pays (comme le Pakistan ou les Philippines) et le contexte (bureaucratie, corruption…),
- les conditions juridiques ; taxations, protection de la propriété industrielle,
- la qualité du travail.

Sur ce dernier point, il convient d'analyser – ce qui a également un coût – : les références réelles des prestataires informatiques d'offshore, les conditions de sécurité notamment pour les infrastructures réseaux, les compétences disponibles : informaticiens qualifiés (les plus pointus ont tendance à s'expatrier), chefs de projet (souvent un point faible)…

En amont, une étude plus précise permet d'étudier quelles missions ou quels projets – et de quelle envergure, de

1. Source Capco – www.capco.com.
2. Il en est de même pour les délocalisations industrielles.
3. De manière à calculer un TCO (Total Cost of Offshoring !)

quelle technicité – peuvent être externalisés : développement, maintenance…

La motivation stratégique

Aujourd'hui, les motivations d'externalisation répondent à des stratégies de système d'information plus élaborées que la recherche d'économie.

L'externalisation permet d'abord à l'entreprise de recourir à des ressources et à des compétences précises, pointues, non disponibles en interne et surtout difficiles à rentabiliser pour une direction informatique.
Ensuite, la Direction Informatique peut à la fois améliorer le niveau de service et dégager du temps et des ressources pour se recentrer sur des opérations et des métiers à forte valeur ajoutée tel que le pilotage des projets informatiques. Le métier de la DSI, c'est désormais d'utiliser stratégiquement les technologies de l'information et non de gérer au quotidien ces technologies.

L'externalisation permet également à la DSI :

- de déléguer une informatique d'une complexité croissante – de nombreux changements du système d'information sont impossibles à réaliser par la seule entreprise avec leurs problématiques de maîtrise financière, de ressources et de délais,
- de bénéficier des outils les plus récents, des expertises les plus pointues face à l'évolution rapide des solutions techniques et la complexité croissante de l'informatique,
- de créer l'infrastructure informatique nécessaire à la poursuite d'enjeux stratégiques,
- de se lancer dans des expériences plus risquées, en rendant possible le recours à des compétences inconnues.

De manière globale, l'entreprise se recentre sur son cœur de métier[1].
Elle améliore sa flexibilité et sa réactivité par rapport au marché et à son environnement.
Elle est armée à la fois contre un retournement éventuel de la conjoncture puisqu'elle peut se désengager du coût d'une infrastructure outsourcée, sans souci d'amortissement, mais aussi vis-à-vis d'une croissance rapide de l'activité et des besoins en ressources; elle peut se focaliser sur ses stratégies de croissance.

Externaliser stratégiquement pour améliorer sa performance

2. Les domaines de l'externalisation

Toutes les fonctions sont concernées: les applications, les infrastructures, les services informatiques, le help desk, et la logistique.

L'infogérance d'infrastructure matérielle[2] distribuée et non distribuée

Peuvent être concernés:

- les systèmes: serveurs (puissance de calcul), systèmes de téléphonie, postes de travail, PC et ordinateurs portables, équipements mobiles…
- les réseaux informatiques et télécoms;
- les unités de stockage;
- l'infrastructure de sécurité[3]: firewalls, antivirus du parc de PC…

1. Dont ne fait pas partie la gestion d'une salle blanche ou la réalisation d'un site Web…
2. ITO – Information Technology Outsourcing.
3. MSS – Managed Security Services.

Les prestations peuvent être de l'hébergement, l'entretien, la gestion et l'exploitation, l'administration (statistiques, alertes…) mais aussi des services à forte valeur ajoutée comme l'optimisation d'infrastructure.

L'infogérance de solutions applicatives[1]

La gestion du portefeuille applicatif couvre des réalités très diverses :

- le cycle de vie de l'application : développement d'applications, gestion, maintenance corrective ou évolutive[2],
- l'hébergement d'applications (y compris en ASP[3]),
- le support,

auxquels s'ajoutent des missions à forte **valeur ajoutée** comme l'analyse du portefeuille applicatif ou le management stratégique des applications.

Peuvent être par exemple concernés : les centres de calcul, les bases de données, la messagerie, le helpdesk (infrastructures techniques de traitement des appels et des demandes, infrastructures téléphoniques, outil de prise en main à distance…), les applications e-business et le paiement sécurisé, la sécurité, les applications verticales, les centres d'appel et certains aspects de CRM… quel que soit le type d'application (maison, legacy, package…).
La maintenance applicative consiste à conserver un programme informatique dans un état lui permettant de

1. ADM – Application Development and Maintenance.
2. TMA – Tierce Maintenance Applicative.
3. Les Application Service Providers proposent un service distant, comprenant l'accès via Internet, à un logiciel sur lequel le client ne détient pas en propre de licence d'utilisation.

remplir sa fonction. La maintenance est préventive, curative (correction d'erreurs) ou évolutive (adaptation à de nouvelles règles business, à de nouvelles catégories d'utilisateurs...). Généralement les applicatifs en fin de vie requièrent un fort taux de maintenance. Lorsqu'elle est confiée à un prestataire extérieur, on parle de tierce maintenance applicative.

L'externalisation des process

Le **Business Process Outsourcing** (BPO) vise à outsourcer des processus d'activité complets (financiers, gestion des ressources humaines, gestion de la relation client...) et non uniquement leur composante en technologies de l'information.
Cela peut aboutir – changement critique de comportement pour les entreprises – à outsourcer des activités qui font partie de leur cœur de métier, le gain étant important en termes de time-to-market, d'adaptation aux changements rapides de l'environnement, d'économies ou de meilleure satisfaction client.

Dans le cadre du **Business Transformation Outsourcing** (BTO), l'outsourcing offre à l'entreprise la possibilité de transformer radicalement son activité.
Les objectifs sont de conduire la transformation de l'entreprise à un rythme plus soutenu, de changer plus vite, de transformer les business process critiques (et non plus de seulement les gérer), d'améliorer de façon radicale[1] l'efficacité.
Cela sous-entend chez le partenaire technologique les capacités à avoir une vision stratégique, à la mettre en œuvre, et à prendre en charge les process.

1. Et visible, pour le client et l'actionnaire.

L'externalisation des process exige que les relations avec l'outsourcer soient des relations de collaboration avec un engagement réel, un partenariat complet, à long terme accompagné d'un partage des risques et des bénéfices.

L'utility computing[1]

L'utility computing est diversement dénommée: On demand pour IBM, N1 pour Sun, Adaptative infrastructure pour HP, Organic IT pour le cabinet Forrester.
Le concept d'utility computing est la fusion de plusieurs notions:

– l'outsourcing,
– l'accès par le réseau,
– le recours aux ressources en tant que de besoin,
– le self-service,
– la facturation à l'utilisation,
– la fiabilité absolue du service rendu[2].

L'utility computing présente un intérêt tout particulier lorsque l'entreprise connaît de fortes variations de volume (pour une entreprise saisonnière par exemple).

3. La stratégie d'externalisation

Les gains stratégiques qu'entraîne l'externalisation sont clairs, mais la question se pose de savoir ce qu'il faut externaliser. Position de principe: choix d'externalisation, sauf raison à ne pas externaliser.

1. L'informatique en tant que service.
2. À base de virtualisation et d'autonomic computing.

Une tâche nouvelle et cruciale doit en contrepartie être menée à bien : manager les relations contractuelles de l'outsourcing.

Position de principe : externalisation, sauf raison à ne pas externaliser

L'expérience montre que ce qu'il convient de conserver en interne, ce sont :

- les compétences nécessaires pour le pilotage stratégique du système d'information ;
- la maîtrise des évolutions de la plate-forme technique du SI[1] (y compris en recourant à des prestataires extérieurs), bien utile en cas de réversibilité,
- la maîtrise d'ouvrage,
- le pilotage de la maîtrise d'œuvre,
- les activités informatiques qui contribuent à la différenciation de l'entreprise par rapport à la concurrence : un service d'assistance clients en ligne, par exemple, ou une infrastructure de gestion de la connaissance facilitant la résolution des problèmes,
- le pilotage contractuel de l'outsourcing.

Manager les relations contractuelles de l'outsourcing

Les DSI doivent se focaliser sur l'architecture juridico-financière des contrats d'externalisation, en recourant aux services juridiques compétents. Plusieurs éléments critiques sont en jeu. Il faut notamment éviter toute

---

1. Parfois seule la maintenance curative est externalisée et non la maintenance évolutive.

discontinuité de service et prévoir de garder le lien avec l'informatique externalisée.
L'élaboration du contrat devrait être faite préalablement à appel d'offres et en vue d'en fixer le périmètre.
Le mécontentement vis-à-vis de l'infogérance résulte généralement d'une relation contractuelle mal établie entre fournisseur et client.
Les points suivants doivent faire l'objet d'une attention particulière

La mise en œuvre de l'externalisation

Les étapes de mise en œuvre doivent être précises :

- état des lieux de l'existant informatique, souvent difficile à établir surtout lorsque le périmètre d'activités est en constante modification,
- basculement « sans » arrêt de l'exploitation, avec une période intermédiaire[1],
- transfert du personnel…

La durée des contrats

La base est pluriannuelle, sur des périodes de trois à cinq ans. Une durée supérieure n'est cohérente ni avec les cycles d'obsolescence des technologies ni avec des règles élémentaires d'indépendance, mais peut se concevoir dans le cadre d'une réelle relation de partenariat.
Mais durant cette période il faut garder le contact avec ce qui est externalisé, si possible par l'intermédiaire de comités de suivi et de pilotage.

1. Facturée sur le principe de l'OTC – One Time Cost.

De plus, les contrats sont forcément dynamiques ; il faut prévoir la manière dont ils vont évoluer en fonction des évolutions de l'entreprise, de son périmètre d'activité. Il faut également prévoir les modalités financières en cas de retrait ou d'ajout d'un élément dans le champ d'application : sur quelle base se fait l'indexation financière, comment se calcule le coût de chaque unité d'œuvre ?
De plus il faut absolument prévoir des **clauses de réversibilité** permettant la reprise des fonctions externalisées par l'entreprise ou leur transférabilité (à un autre prestataire) en fin de contrat ou en cas de rupture anticipée. Le coût de sortie ne doit pas être pénalisant.
Mieux, le prestataire doit s'engager à tout mettre en œuvre pour le retour à la situation « initiale » du client. Il faut quand même veiller (tout au long du contrat) à ce que la réversibilité soit technologiquement possible notamment parce que les architectures et les logiciels mis en œuvre sont standards et existent sur le marché...
À un seul contrat global, « fourre-tout », que privilégient généralement les prestataires, il vaut mieux préférer plusieurs contrats correspondant à des périmètres homogènes et permettant une meilleure mise en évidence des coûts.

Les prestataires

On choisit un partenaire d'externalisation avec l'idée de le garder.
En raison du caractère critique du contrat et dans la mesure où, selon le contenu contractuel, on ne peut éviter un mode de coopération forte et stratégique, le choix des prestataires doit faire l'objet d'une grande attention portant sur leurs compétences, leurs pérennités et leur taille (pour des contrats mondiaux ou transnationaux).

Cette attention peut aller jusqu'à un **audit** en bonne et due forme du partenaire.
L'option de l'infogérance complète avec un interlocuteur unique n'est pas à écarter mais les DSI doivent s'attendre à savoir manager des portefeuilles de prestataires d'externalisation différents selon les domaines.
Le contrat précise les rôles et responsabilités du client et du prestataire, les plannings, l'organisation et les ressources mises en œuvre. Il doit prévoir les conditions de reprise du personnel informatique transféré et leur plan d'évolution de carrière.
Il est souhaitable de prévoir une clause de **sous-traitance** fixant les conditions permettant ou non à l'infogérant de confier une partie du contrat à un sous-traitant.

4. Les contenus de contrats d'externalisation

Les services

L'objet du contrat d'externalisation est un service, et non un apport de ressources. Les clauses doivent décrire précisément :

- le périmètre des services[1],
- les prestations, le niveau de services,
- les modalités : horaires d'exploitation et de support, delivery sur site (personnel extérieur détaché dans les locaux de l'entreprise) ou externe (éventuellement offshore), en équipes dédiées ou partagées, en centres fonctionnels ou de projets,
- les conditions financières précisant les unités d'œuvre (unités de mesure de l'activité),
- le plan d'assurance qualité,
- les livrables.

1. Ainsi pour un périmètre applicatif qui devra préciser la complexité, la criticité et le nombre d'utilisateurs de l'application.

La définition des termes utilisés doit faire l'objet d'un accord contractuel.
Ainsi, pour le domaine **applicatif**, les notions de développement, d'amélioration, de maintenance, de support.
Il faut préciser ce qui relève de la maintenance (généralement incluse dans le contrat) et de l'amélioration (hors contrat). Par exemple, un changement d'interface dû à des raisons business est bien une amélioration, mais qu'en est-il de la maintenance de cette amélioration ? Est-elle incluse dans le contrat ?

Les niveaux de service[1]

Les contrats d'engagement sur la qualité de service[2] stipulent les droits et les obligations des partenaires et spécifient les paramètres requis de la capacité du système, des performances du réseau, en fonction des objectifs métiers et d'un coût précisé.
Ils définissent :

Gérer précisément les contrats d'externalisation

– les services qui doivent être fournis,
– la définition du niveau de service souhaité, les critères d'acceptabilité et de compatibilité aux objectifs,
– la fréquence et la forme du reporting,
– les pénalités éventuellement associées.

Les critères

Le choix des critères comprend plusieurs étapes.

1. SLA – Service Level Agreement.
2. QoS – Quality of Service.

Les indicateurs du contrat d'externalisation

Indicateurs techniques	Qualité de service Performance Disponibilité Délais **Exemples** Helpdesk : Temps de décroché d'appel, Taux de résolution des incidents au premier niveau, Nombre d'encours[1] d'incidents Assistance utilisateurs : délai de résolution Gestion des postes de travail et réseaux : Délais d'intervention Nombre de pannes dans le mois Serveurs et réseau local : durée maximale des pannes, taux de disponibilité pour l'exploitation
Indicateurs fonctionnels	Mesure de la satisfaction de l'utilisateur final Réponse aux critères métiers
Indicateurs relationnels	Indicateurs qui mesurent : – le respect par le partenaire des engagements (respect des engagements et des plannings), – le degré de réactivité et de proactivité du prestataire sur l'évolution du système d'information : les montées de version réalisées, l'anticipation en termes de changements de matériels, l'augmentation réactive de la bande passante, le respect du plan de progrès **Exemple** TMA : Délais de traitement des demandes d'évolution, respect des délais de montée de version
Création de valeur	Indicateurs économiques.

1. Ou backlog.

Choisir les indicateurs

Les indicateurs peuvent être techniques, fonctionnels, relationnels ou business.

Valider les indicateurs choisis

Deux écueils sont classiques : le laxisme en matière de tableau de bord ou l'excès de chiffres. Les indicateurs doivent être en nombre raisonnable et leur calcul doit être relativement simple. Par ailleurs, il faut prendre en compte le fait que les utilisateurs ont généralement besoin de mesures plus synthétiques que les équipes informatiques.

Choisir les niveaux exigés pour ces indicateurs

Le niveau d'exigence est fonction d'un équilibre entre d'un côté l'objectif de qualité de service, et de l'autre le coût associé et les ressources à mettre en place. Si l'on exige du prestataire une disponibilité téléphonique du service desk de 95 %, il faut ainsi se poser la question du coût généré et du niveau de satisfaction de l'utilisateur final.

Prévoir la périodicité de la mesure

La périodicité de la mesure est variable. Ainsi, les applications sensibles comme le e-business nécessitent un reporting en temps réel.
Pour mesurer et gérer précisément les niveaux de service définis par le contrat, l'entreprise peut, soit recourir à un

prestataire spécialisé, soit utiliser des logiciels de SLM (Service Level Management)[1].
Le contrat doit prévoir le réexamen des critères en cours de vie du contrat: évolution éventuelle des critères, des niveaux d'exigence, suivi d'un plan de progrès...

La rémunération de l'infogérant

Les problématiques de l'externalisation sont de plus en plus complexes: transformation des systèmes d'information, variabilité croissante des périmètres d'activité... Ceci n'est pas sans incidence sur les modalités de rémunération attachées à ces contrats.
La constante est que la notion d'externalisation comporte toujours une obligation de résultats et non une simple obligation de moyens.
On rencontre plusieurs modes de rémunération:

- **la rémunération à la puissance informatique (téraflops)**
- **la rémunération à l'utilisation réelle**

L'indicateur est alors l'usage des mainframes, le nombre d'utilisateurs, la quantité de stockage utilisée, le temps de Hotline comptabilisé, le nombre d'appels au help-desk, le nombre d'heures de calcul mobilisées sur les processeurs, le temps CPU, le nombre de transactions...

- **la rémunération selon la performance**
- **la rémunération selon les bénéfices apportés en termes d'activité, de business et de performance**

De plus en plus, les entreprises recourent à l'externalisation avec des objectifs stratégiques en termes de performances et de retour sur investissement métiers Elles

1. Qui évoluent rapidement vers plus de prédictivité.

souhaitent donc associer étroitement les partenaires sur ces objectifs, les engager sur des résultats (reward sharing), partager avec eux les responsabilités et les risques.
Il faut donc dans un premier temps définir les indicateurs business : réduction des coûts, réduction des délais de livraison, diminution du cycle de fabrication... sur lesquels seront basés la rémunération.
Il faut ensuite définir les niveaux à atteindre, les modes de calcul, la fréquence de la mesure...
Enfin, il faut définir les modalités de rémunération

- part de coût fixe,
- part de coût variable selon les résultats,
- modalités d'étalement dans le temps en fonction des mesures.

Annexes
1. Récaptulatif des 30 actions clés

- ✓ Connaître les coûts informatiques
- ✓ Optimiser le système d'information en réduisant les coûts informatiques
- ✓ Disposer d'indicateurs de performance
- ✓ Générer un ROI mais surtout créer de la valeur
- ✓ Utiliser le système d'information pour soutenir chaque axe stratégique
- ✓ Organiser l'entreprise autour de processus clés
- ✓ Générer des retours sur investissement en partageant les données produits tout au long de leur cycle de vie
- ✓ Raisonner en entreprise étendue pour manager la supply chain
- ✓ Baisser le coût administratif des achats
- ✓ Savoir d'où vient, où est, où va le produit
- ✓ Piloter par la demande client
- ✓ Enrichir l'expérience de ses clients grâce à une stratégie de sites Internet
- ✓ Placer le média Internet au centre des relations clients et du marketing
- ✓ Développer la performance de l'environnement individuel de travail
- ✓ Bâtir des référentiels d'entreprise
- ✓ Savoir et décider en temps réel
- ✓ Créer un système d'information en temps réel
- ✓ Apprendre à gérer les innovations au profit de l'entreprise
- ✓ Développer un système d'information sans silos et sans frontières
- ✓ Optimiser et intégrer les business process, nouveau gisement de productivité
- ✓ Associer les DSI aux Comités de Direction
- ✓ Mettre en œuvre une gouvernance du système d'information
- ✓ Cartographier le système d'information pour l'urbaniser
- ✓ Manager par portefeuille des projets
- ✓ Gérer globalement la haute disponibilité
- ✓ Gérer globalement la sécurité
- ✓ Adopter des stratégies d'optimisation pour les divers domaines d'infrastructure
- ✓ Étudier les opportunités offertes par l'Open Source
- ✓ Externaliser stratégiquement pour améliorer sa performance
- ✓ Gérer précisément les contrats d'externalisation

2. Instituts et cabinets de consulting

Aberdeen	www.aberdeen.com
AMR Research	www.amrresearch.com
Bain	www.bain.com
Bloor Interactive	www.bloor-research.com
Booz Allen Hamilton	www.boozallen.com
EMarketer	www.emarketer.com
Forrester	www.forrester.com
Gartner	www3.gartner.com
Giga	www.gigaweb.com
Kurt Salmon	www.kurtsalmon.com
Meta Group	www.metagroup.com
IDC	www.idc.com
Markess International	www.markess.com
Standish Group	www.standishgroup.com
The Hackett Group	www.thehackettgroup.com
Yankee Group	www.yankeegroup.com

3. Quelques sites Web

Sites de presse
www.cio.com
www.cio.executiveboard.com
www.journaldunet.com
www.webreference.com
www.zdnet.fr

Association Française de l'Audit et du Conseil Informatique
www.afai.asso.fr

Cigref
www.cigref.fr
Syntec Informatique
www.syntec-informatique.fr

4. Chiffres France

Source – Mission pour l'économie numérique – mai 2003
www.men.minefi.gouv.fr

Internautes	20 millions de français de plus de 11 ans	Mars 2003
Personnes équipées d'un téléphone portable	38,6 millions	
Taux d'équipement des ménages en micro-ordinateurs	42 %	Mars 2003
Abonnements aux lignes à haut débit (ADSL et câble)	2,4 millions	Mai 2003
Acheteurs sur le net en France	Entre 5 et 6 millions	2002
Acheteurs réguliers	4 % (10 % au Royaume-Uni)	
Panier moyen	+ 16 % en 2002	
CA en ligne en France	2, 4 milliards d'euros 10 millions de transactions contre 6,8 en 2001 + 65 % en un an	2002
Commerce en ligne	12 % du CA de la VPC 8 % du CA de La Redoute	2002
Entreprises	83 % des entreprises sont connectées à Internet (98 % en Suède) Commerce électronique interentreprises : 9,6 milliards d'euros (environ 120 milliards d'euros pour l'EDI)	2002

Grands sites	Voyages-SNCF 272 millions d'euros Ooshop 150 millions d'euros Fnac.com 75 millions d'euros PriceMinister 15 millions d'euros 15 % des ventes s'effectuent en ligne dans le secteur des voyages, qui représente 50 % du CA du e-commerce en France 10 % des ventes s'effectuent en ligne dans le secteur de la VPC	

5. Sigles

ACE – Application Creation Environment. Ou environnement de création d'applications

ADSL – Asymmetric Digital Subscriber Line ou RNA Raccordement numérique asymétrique

ADV – Administration Des Ventes

AGL – Atelier de Génie Logiciel ou CASE – Computer Aided Software Engineering

AMS – Maintenance applicative évolutive

API – Application Programming Interface

ASP – Application Service Providers

BCP – Business Continuity Plan

BI – Business Intelligence

BPML – Business Process Modeling Language

BPR – Business Process Reengineering

BTO – Business Technology Optimization

BTP – Business Transaction Protocol

BU – Business Unit

CAE	– Computer Aided Engineering ou IAO – Ingénierie Assistée par Ordinateur
CAM	– Computer Aided Manufacturing ou FAO – Fabrication Assistée par Ordinateur
CAO	– Conception Assistée par Ordinateur ou CAD – Computer aided design
CAPE	– Computer Aided Production Engineering
CDN	– Content Delivery Network
CFAO	– Conception et Fabrication Assistée par Ordinateur
CIM	– Computer Integrated Manufacturing
CIO	– Chief Information Officer
CMM	– Capability Maturity Model
CMS	– Content Management System
CORBA	– Common Object Request Broker Architecture
CPDM	– Collaborative Product Definition Management
CPFR	– Collaborative Planning Forecasting and Replenishment
CPL	– Courant Porteur en Ligne
CPU	– Central Processing Unit
CPW	– Commercial Processing Workload
CRM	– Customer Relationship Management ou GRC – Gestion de la relation Client
CTI	– Computer Telephony Integration ou Couplage Téléphonie-Informatique
CTO	– Chief Technology Officer
DAO	– Dessin Assisté par Ordinateur
DBMS	– Data Base Management System ou SGBD
DMU	– Digital Mock Up
EAI	– Enterprise Application Integration
EAP	– Enterprise Application Portal
EAS	– Enterprise Application Suites

EBPP – Electronic Bill Presentment and Payment
EBXML – Electronic Business Extensible Markup Language
EDA – Electronic Design Automation
EDI – Environnement de Développement Informatique
EDI – Échange de Données Informatisées ou Electronic Data Interchange
EIS – Executive Information Systems/Enterprise Information Systems
ERMs – E-mail response systems
ERP – Enterprise Resource Planning
ESB – Enterprise Service Bus
ETL – outils d'Extraction-Transformation-Chargement (Loading)
EVA – Economic Value Added

FC – Fiber Channel ou FO – Fiber Optic Fibre optique

GED – Gestion Électronique de Documents
GIS – Geographical Information System ou SIG – Système d'Information Géographique
GMAO – Gestion de Maintenance Assistée par Ordinateur
GNU – Système d'exploitation Linux – acronyme récursif pour « GNU's Not Unix »
GPA – Gestion Partagée des Approvisionnements
GPAO – Gestion de Production Assistée par Ordinateur
GPRS – General Packet Radio Service
GPS – Global Positioning System.
GSM – Global System for Mobile communications

GTR – Garantie de Temps de Rétablissement
GUI – Graphical User Interface

ICE – Information & Content Exchange
ICP – Indicateur Clé de Performance ou KPI – Key Performance Indicateur
IPSEC – Internet Protocol Security.
IRP – Infrastructure Resource Planning

JMS – Java Message Service

KM – Knowledge Management
KVM – Keyboard, Video, Mouse
L4G – Langage de quatrième génération
LAN – Local Area Network
LDAP – Lightweight Directory Access Protocol
LOB – Line Of Business
LTO – Linear Tape Open

M2M – Machine to Machine ou S2S – System to System
MAN – Metropolitan Area Network
MCAD – Mechanical Computer Aided Design
MCAE – Mechanical Computer Aided Engineering
M-commerce – Services commerciaux sur mobiles
MDT – Mean Down Time
MES – Manufacturing Execution System
MOA – Maître ou maîtrise d'ouvrage
MOE – Maître ou maîtrise d'œuvre
MOM – Middleware Orienté Messages
MPM – Manufacturing Process Management
MRP – Material Requirement Planning
MSS – Managed Security Services
MTBF – Mean Time Between Failures
MTO – Make to Order

MTTRep – Mean Time To Repair.
MTTRes – Mean Time To Restauration

NAS – Network Attached Storage
NSM – Network & Systems Management

ODBC – Open Data Base Connectivity
OEM – Original Equipment Manufacturer
OGSA – Open Grid Services Architecture
OLAP – Online Analytical Processing
ONG – Organisations Non Gouvernementales
OS – Operating System
OTC – One Time Cost

P2P – Peer-to-Peer
PABX – Private Automatic Branch Exchange
PAN – Personal Area Network
PCA – Plan de Continuation d'Activités
PDA – Personal Digital Assistant
PDM – Product Data Management
PGC – Produits de Grande Consommation/CPG Consumer Packaged Goods
PGI – Progiciel de Gestion Intégré
PKI – Public Key Infrastructure
PLM – Product Lifecycle Management
PMO – Project Management Office
POC – Proof Of Concept
PPM – Pages Par Minute
PRA – Plan de Reprise d'Activité
PSA – Professional Services Automation ou SPO – Service process optimization (Gartner)

QoS – Quality of Service

RAD – Rapid Application Development

RFI	– Request For Information
RFID	– Radio Frequency Identification
RFQ	– Request For Quotation
ROI	– Return On Investment
RVA	– Réseaux à Valeur Ajoutée ou VAN – Value Added Network
SAN	– Storage Area Network
SCEM	– Supply Chain Event Management
SCM	– Supply Chain Management
SCSI	– Small Computer System Interface
SFA	– Sales Forces Automation
SGDT	– Système de Gestion des Données Techniques
SI	– Système d'Information
SIAD	– Systèmes Informatiques d'Aide à la Décision
SIRH	– Système d'Information Relations Humaines
SLA	– Service Level Agreement
SMS	– Short Message System
SOA	– Service Oriented Architecture
SOAP	– Simple Object Access Protocol
SPO	– Service Process Optimization
SPOC	– Single Point of Contact
SPOF	– Single Point of Failure
SRM	– Supplier Relationship Management
SSO	– Single Sign On
TCO	– Total Cost of Ownership
TMA	– Tierce Maintenance Applicative
UBL	– Universal Business Language
UDDI	– Universal Description Discovery and Integration
UML	– Unified Modeling Language

UMTS	– Universal Mobile Telecommunications System
UWB	– Ultra Wide Band
VLAN	– Virtual Local Area Network
VoIP	– Voice on IP
VMU	– Virtual Product Mock Up
VPI	– Virtual Product Innovation
VRML	– Virtual Reality Modeling Language
WAN	– Wide Area Network
W3C	– World Wide Web Consortium
WCM	– Web Content Management
WEP	– Wired Equivalent Privacy
WLAN	– Wireless Local Area Network
WPA	– Wifi Protected Access
WSUI	– Web Services User Interface
XML	– eXtensible Markup Language
XSLT	– eXtensible Stylesheet Language Transformation

6. Liste des tableaux

Index

A

B

C

D

E

T

U

V

Achevé d'imprimer sur rotative par l'Imprimerie Darantiere à Dijon-Quetigny
Dépôt légal : – N° d'impression : 23-1192

Imprimé en France